PENSADORES DO ORIENTE

FILOSOFIA VIVA

PENSADORES DO ORIENTE

Estudos em Experimentalismo

Idries Shah

Tradução Laura Di Pietro

roça nova EDITORA

Título original
Thinkers of The East

Editor
Laura Di Pietro

Capa, projeto gráfico e diagramação
Portas Design

Revisão
Andrea Rausch

(Conforme o Novo Acordo Ortográfico, em vigor desde janeiro de 2009)

Dados internacionais de Catalogação-na-Publicação (CIP)

S525p

Shah, Idries, 1924-1996

Pensadores do oriente : estudos em experimentalismo / Idries Shah ; tradução Laura Di Pietro. Rio de Janeiro : Roça Nova, 2013.

212 p. ; 20 cm. – (Filosofia viva)

Tradução de: Thinkers of the east : studies in experimentalism.

ISBN 978-85-62064-08-1

1. Filosofia. 2. Sufismo. 3. Contos sufi. I. Título. II. Série.

CDD 181.074

2013

EDITORA ROÇA NOVA LTDA.
tel/fax 22 2542-3041
editora@rocanova.com.br
www.rocanova.com.br

Contrato da publicação com The Marsh Agency Ltd.

Os direitos que outros têm sobre você: lembre-se deles.
Os direitos que você tem sobre outros: esqueça-os.

Sayedna Ali

SUMÁRIO

PREFÁCIO

Embora os materiais apresentados neste livro tenham sido uma parte orgânica do estudo prático-filosófico oriental por muitos e muitos séculos, sua publicação, até ontem, por assim dizer, teria sido impossível. A razão para isso é que indivíduos altamente articulados, tanto no Oriente quanto no Ocidente, estiveram, de modo geral, aferrados à crença de que somente um tipo específico de pensamento organizado poderia ser adotado para o aprendizado. A questão, no entanto, é que todos os precedentes, todos os livros, todas as tradições que produziram os grandes pensadores do passado no Oriente não apresentam, praticamente, nenhum vestígio do que é considerado, hoje em dia, uma organização.

Se você perguntasse a um sábio oriental tradicional a respeito do seu "sistema", ele olharia para você da mesma forma que um médico moderno se lhe fosse pedida a "panaceia para todos os males". Talvez ele convidasse você a se dirigir a um charlatão de feira popular. Certamente ele diagnosticaria você como um primitivo que ainda tem de aprender a primeira lição sobre o conhecimento.

Qualquer inspeção da literatura "especializada" sobre os pensadores orientais e suas escolas mostrará a situação ridícula de que os materiais disponíveis foram cada vez mais minuciosamente examinados, cada vez mais cuidadosamente ordenados, em uma forma cada vez mais mecânica — não sem o acompanhamento de murmúrios intrigados —, e os resultados tornaram-se mais e mais escassos. Este fato foi apresentado de forma sucinta por aqueles que observaram que os eruditos desejam estudar os místicos, mas os místicos nunca têm necessidade de estudar os eruditos.

Felizmente, em lugares e em círculos que escaparam aos modismos de uma demanda por sobressimplificações ou sistemas rígidos, onde se compreendeu que a necessidade essencial é buscar, preservar e transmitir conhecimento, o método de "prescrever" estudos para indivíduos e grupos de acordo com as necessidades do ensinamento, exclusivamente, foi mantido de forma contínua.

Com a atual ameaça de extinção da espécie mais inútil de pedante enfadonho — cujo único êxito foi dar ao escolasticismo seu desmerecido mau cheiro —, o pêndulo está retornando.

Este livro apresenta — organizados de uma maneira ditada pela tradição, e não por uma ordenação obsessiva superficial — materiais que pertencem ao ensinamento sufi, selecionados de acordo com as necessidades do momento. Poderia ser designado: experimentalismo específico aplicado.

A ampla acolhida, tanto por parte dos acadêmicos quanto por outros círculos, de volumes anteriores que apresentam um material semelhante, indica que há um apreço por ele e, talvez, um uso para ele.

Idries Shah, 1971

ASSUNTOS TRATADOS EM PENSADORES DO ORIENTE

Sistemas de estudo; o "Segredo Sufi"; solução de problemas por meio do pensamento não-linear; métodos para selecionar discípulos; grupos especiais para o estudo interior; uso e abuso da literatura; diferentes domínios do pensamento; razões para se dispensar alunos; o papel do ensinamento superior; diversos tipos de mestres; o "Mestre da Era"; esclarecendo falsas suposições; comportamento paradoxal; "feitos e milagres"; treinamento especial; riqueza e pobreza; adquirindo objetividade; como as pessoas aprendem por meio de "treinamento paralelo"; testando aspirantes a buscador; livros e cerimoniais; fórmulas invocatórias especiais; o modo de estudar a vida de sábios do passado; as razões para as diferentes formas externas do ensinamento; distinguindo os imitadores dos instrutores verdadeiros; comparações entre distintas dimensões do conhecimento; observando motivações básicas; ensinando por demonstração; determinando o denominador comum no estudo; ilustrações do estado interior; o conhecimento é distinto da opinião; auto-observação; por que são empregadas analogias; parábola do trabalho dos indivíduos conhecidos como Os Desenhistas; sistema de aprendizado indireto; meios empregados para comunicar um "pensamento equivalente"; exemplos de atuação ilustrativa; efeitos da participação em "cerimônias místicas"; ser "útil na realidade, e não na aparência"; razões para se "vender conhecimento"; como os discípulos aprendem por meio de procedimentos especialmente elaborados; os efeitos da emoção e do intelecto nos estudos; investigações astrológicas; sugestões inculcadas; como pensadores mais elevados afetam os acontecimentos; intercâmbios instrucionais em escolas místicas; fazendo uso eficaz de características negativas; o significado interno do serviço externo; alteração da expectativa; a criação de um ar de mistério; a publicação de uma literatura absurda; materiais projetados de acordo com as contingências do momento; ilustrando impressões falsas; raiva; mantendo as metas e os métodos alinhados; cortejando a crítica e as reações a ela; o sucesso mundano e seu valor; métodos e vantagens da atividade social; doutrina do "pagamento" antecipado pelo esforço; alegoria da tarefa humana; simbolismo e efeito em assuntos financeiros; lendas sobre a disseminação do Ensinamento; a realidade da qual "o homem" é uma alegoria; o nível da capacidade de perceber "ensinamentos secretos"; aprender por meio de palavras e sinais; substituição de sistemas de ensino externos; armazenamento e transmissão de comunicações sutis; corrigindo posturas incapacitantes; operações camufladas; a necessidade de digerir os materiais a uma certa velocidade; alegoria das técnicas de docência; desejo real e desejo imaginado.

UMA MORTE É INDICADA

Era uma vez um dervixe que tinha sessenta discípulos. Ele os havia ensinado da melhor maneira possível, e chegou o momento de passarem por uma nova experiência.

Ele reuniu os discípulos e disse:

"Devemos, agora, partir em uma longa jornada. Algo, não sei bem o quê, acontecerá no caminho. Aqueles que assimilaram o suficiente para ingressar nesse estágio serão capazes de me acompanhar. Mas, primeiro, todos vocês têm de memorizar esta frase: 'Eu devo morrer em vez do dervixe.' Estejam preparados para gritá-la a qualquer momento, sempre que eu erguer os dois braços."

Muito desconfiados das motivações do dervixe, alguns discípulos começaram a murmurar entre si. Nada menos do que cinquenta e nove dos sessenta discípulos o abandonaram, dizendo: "Ele sabe que em algum momento estará em perigo e está preparando tudo para nos sacrificar em seu lugar!"

Eles disseram ao dervixe: "Talvez você esteja planejando algum crime, até mesmo um assassinato. Nunca poderemos segui-lo nesses termos."

O dervixe e o único companheiro que lhe restou iniciaram a viagem.

Acontece que um tirano, dos mais terríveis e injustos, conquistou a cidade vizinha pouco tempo antes dos dois chegarem. Ele queria consolidar seu governo com um ato de força dramático. Então, reuniu seus soldados e ordenou:

"Capturem um viajante de aspecto humilde e conduzam-no até a praça pública para ser julgado. Proponho sentenciá-lo como herético."

Os soldados responderam: "Ouvimos e obedecemos." E saíram às ruas e saltaram sobre o primeiro viajante que encontraram. Por acaso, tratava-se do discípulo do dervixe.

O dervixe seguiu os soldados até o local onde o rei se encontrava, enquanto todos os cidadãos, ouvindo os tambores da morte e tremendo de medo, aglomeravam-se ao redor deles.

O discípulo foi atirado ao chão diante do trono, e o rei disse:

"Decidi usar um vagabundo como exemplo para o povo de que não vamos tolerar discordâncias ou tentativas de fuga. Você morrerá imediatamente."

Ao ouvir isso, o dervixe bradou:

"Aceite *minha* vida, ó Poderoso Monarca, em lugar da vida desse jovem inútil! Sou mais culpado do que ele, pois fui eu quem o induziu a se entregar a uma vida errante!"

Dito isso o dervixe ergueu os dois braços acima da cabeça, e o discípulo gritou:

"Magnificente Rei! Por favor, permita que eu morra. Eu devo morrer em vez do dervixe!"

O rei ficou muito impressionado. Ele recorreu aos conselheiros:

"Que tipo de gente é essa, disputando entre si para experimentar a morte? Se isso é heroísmo, não poderia inflamar as pessoas contra mim? Aconselhem-me sobre o que fazer."

Os conselheiros conferenciaram por algum tempo. Então disseram:

"Pavão da Era! Se isso é heroísmo, não há muito o que fazer, exceto agir de forma mais brutal até que as pessoas se deem por vencidas. Mas, não temos nada a perder se perguntarmos a esse dervixe por que está tão ansioso para morrer?"

Quando lhe perguntaram, o dervixe respondeu:

"Majestade Imperial! Foi profetizado que, no dia de hoje,

neste local, um homem morreria e se reergueria, e desde então seria imortal. Certamente, ambos, meu discípulo e eu, queremos ser esse homem."

O rei pensou: "Por que tornar outra pessoa imortal, se eu mesmo não o sou?"

Depois de um momento de reflexão, ele ordenou que o executassem imediatamente em lugar dos andarilhos. Então, os piores entre os cúmplices do rei, ávidos pela imortalidade, mataram-se.

Nenhum deles se ergueu novamente, e o dervixe e seu discípulo seguiram seu caminho em meio à confusão.

COMUM

Rashid Sitarazad recebeu um grupo de pretensos alunos, cuja cabeça estava completamente ocupada com seus feitos e a empolgação de chegar tão perto da fonte do Ensinamento.

Rashid ordenou:

"Que um de vocês seja o porta-voz e me informe sobre o que sentem."

Um dos visitantes deu um passo à frente e disse:

"Estamos estimulados pela Presença, ávidos pelo Conhecimento e elevados pela Tradição."

Rashid comentou:

"Essa é uma descrição fiel dos seus sentimentos. Como todos vocês adoram o empolgante, eu terei de lhes dar o banal. Vocês aprenderão por meio da vida. E a vida — a chave para o conhecimento — é a coisa mais banal de todas. Vocês terão de passar por experiências que os farão compreender a vida, e não torná-la mais interessante."

Um dos presentes exclamou:

"O homem que você pediu que nos representasse fala por si mesmo, e ainda assim devemos ser julgados pelo seu comportamento?"

Rashid respondeu:

"Ele pode pensar que fala por todos vocês. Vocês podem achar que ele fala apenas por si mesmo. Mas fui eu que concordei que ele falasse por todos. Vocês já estão contestando a minha autoridade? Isso mostra que anseiam pela empolgação e confirma as palavras que estão tentando refutar!"

CORAGEM

Um homem muito culto e vigoroso foi até o Hakim Husseini e disse:

"Não vim pedir por mim, mas tenho certeza de que se você fosse eu e conhecesse meu amigo Dilawar, perceberia que ele é nada menos que um sufi e o receberia e faria dele um parceiro nas suas investigações e nos seus estudos, e se deleitaria com sua encantadora presença."

O Hakim respondeu:

"Eu, de fato, admiro sua coragem (dilawari), pois nunca fui capaz de reconhecer um sufi da maneira como você reconheceu.

Como meu círculo está avançando a partir de pressupostos diferentes, receber Dilawar poderia ser um prazer, mas poderia, também, significar lidar com ele em particular, pois nenhum dos meus companheiros é capaz de se relacionar com um homem assim. A jornada para a maioridade começa com a infância, e se você tem uma classe de crianças e sabe qual será seu destino, isso não significa que pode aceitar um único estudante extra, que, de qualquer forma, precisaria da relação de uma classe inteira de seus contemporâneos para capacitá-lo a fazer o progresso requerido."

UM DISCÍPULO DE HAIDAR

Haidar ouviu um discípulo dizer:

"Estou feliz por não ter comprado tal livro, pois agora cheguei à Fonte do seu conhecimento. Eu economizei sofrimento e um gasto desnecessário."

Depois de um ano, Haidar entregou-lhe um livro, dizendo:

"Você me serviu por doze meses. O valor do seu trabalho foi de cem *dirhams*. Esse é o preço deste livro.

Você não teria pago cem peças de prata por um objeto inanimado tal como um livro, e poucas pessoas o fariam. Mas eu fiz você pagar, e aqui está o livro.

Um camelo é caro por um centavo, se você não precisa de um camelo.

Uma única palavra é barata por mil peças de ouro, se ela é essencial para você.

Se quiser retornar à Fonte do Ser, você sempre terá de dar o primeiro passo, mesmo que esteja pedindo permissão para dar o centésimo."

O MAIOR DOS NOMES

Um faquir na Índia perguntou a um sufi se ele lhe diria o Maior dos Nomes, o Centésimo Nome de Allah. Aqueles que o conhecem podem operar milagres, alterando o curso da vida e da história. Ninguém pode conhecê-lo enquanto não for digno.

O sufi respondeu:

"De acordo com a tradição, eu devo, primeiro, aplicar em você o teste que mostrará sua capacidade. Você irá até o portão desta cidade e permanecerá lá até o cair da noite. Depois, voltará para me descrever algo que terá testemunhado."

O faquir avidamente fez o que lhe fora ordenado. Depois do anoitecer, ele voltou e fez seu relatório ao sábio nesses termos:

"Como indicado, eu me posicionei no portão da cidade em estado de alerta. O incidente que mais me impressionou ao longo do dia se refere a um idoso. Ele queria entrar em nossa cidade com uma carga de lenha gigantesca em suas costas.

O guardião insistiu que ele pagasse uma taxa sobre o valor da sua mercadoria. O velho, não tendo um tostão sequer, pediu que lhe fosse permitido vender a lenha primeiro. Percebendo que ele não tinha amigos e estava indefeso, o guardião obrigou o homem a entregar a lenha, que roubou para si mesmo. O velho foi afugentado com golpes cruéis."

O sufi perguntou:

"Quais foram seus sentimentos quando viu isso?"

O faquir respondeu:

"Eu desejei mais intensamente ainda conhecer o Maior dos Nomes. Se eu o conhecesse, as coisas teriam sido diferentes para aquele desafortunado e inocente lenhador."

O sufi disse:

"Ó homem nascido para alcançar a felicidade! Eu aprendi o Centésimo Nome com meu próprio mestre, depois de ter testado minha resolução e apurado se eu era um emocionalista impulsivo ou um servidor do homem, e depois de ter me submetido a experiências que me permitiriam ver meus próprios pensamentos e minha própria conduta.

O Centésimo Nome é para o serviço de toda a humanidade, o tempo todo. Meu Mestre não era outro senão o lenhador que você viu hoje no portão da cidade."

O LIVRO DA SABEDORIA

Simab anunciou:

"Eu venderei o *Livro da Sabedoria* por cem peças de ouro, e algumas pessoas dirão que é barato."

Yunus Marmar acrescentou:

"E eu darei a chave para entendê-lo, e quase ninguém a aceitará, mesmo de graça."

KADUDAR E A PEREGRINAÇÃO

Um certo *kalandar* topou, em suas viagens, com o sábio Kadudar e fez a ele a pergunta que há anos o deixava transtornado:

"Por que você proíbe seus seguidores de fazer a peregrinação? Como pode o homem proibir o que foi ordenado no Alto?"

Kadudar, cujo nome significa "possuidor da cabaça", ergueu uma abóbora seca e disse:

"Você pode proibir esta abóbora de ser uma abóbora? Ninguém pode proibir o cumprimento de uma ordem celestial. Portanto, mesmo que um homem pareça estar fazendo isso, na realidade isso é impossível.

O dever do Guia, entretanto, é assegurar que as peregrinações não sejam realizadas por pessoas em um estado interior inadequado, da mesma forma que os guardiões do Santuário impedirão qualquer um em um estado exterior inadequado de levar a cabo os rituais da peregrinação.

Toda peregrinação tem um aspecto externo e um interno. O homem comum ajudará o peregrino quando ele precisar de dinheiro ou comida, e o levantará quando ele cair na estrada. O Homem do Caminho, discernindo diligentemente necessidades semelhantes na vida interior, é compelido a prestar ajuda à sua própria maneira."

DISPENSA

Alguém disse a Bahaudin Naqshband:

"Deve ter sido doloroso para você dispensar o estudante tal."

Ele respondeu:

"A melhor de todas as maneiras de testar e ajudar um discípulo, se for possível, pode ser dispensá-lo. Se ele se voltar contra você, terá a chance de observar sua própria superficialidade e os defeitos que levaram à dispensa. Se ele lhe perdoar, terá a oportunidade de ver se há nisso qualquer coisa de falsa devoção. Se recuperar seu equilíbrio, ele será capaz de beneficiar essa nossa matéria (o Ensinamento) e, especialmente, de beneficiar a si mesmo."

PALAVRAS DE ISRAIL DE BOKHARA

O Ensinamento é como o ar.

O homem habita nele, mas não consegue perceber por meio de uma sensação verdadeira que se não fosse por ele estaria morto.

Ele pode ver o ar apenas quando está poluído — como na fumaça subindo —, e por seus efeitos.

Ele vê o ar poluído, respira-o e pensa que é uma substância pura.

Desprovido dele, o homem morre. Mas quando está sufocando, ele tem alucinações e quer remédios, enquanto que o que precisa é que o ar seja restaurado.

Ele pode se tornar consciente do ar e tirar mais proveito dele, ao se dar conta de que é uma substância comum tratada com tamanha negligência que ninguém nota sua presença.

TERRAS DE GURUS

Um mercador em visita a um sufi perguntou:

"Alguns países estão lotados de gurus, mestres espirituais com fórmulas e doutrinas de todo tipo. Por que existem tão poucos dirigentes sufis de círculos locais? E por que esses poucos, quando são publicamente conhecidos, revelam-se meros imitadores ou repetidores de exercícios transmitidos por outra pessoa?"

O sufi respondeu:

"São duas perguntas que têm uma única e mesma resposta. A Índia, por exemplo, está cheia de gurus e adoradores de tumbas; e sufis autênticos publicamente conhecidos são mais do que raros, porque os gurus e seus seguidores estão brincando e os sufis estão trabalhando. Sem o trabalho sufi, a humanidade desapareceria. A Índia é uma terra de encantadores de serpentes; os gurus públicos são encantadores de gente. Eles divertem as pessoas. Os santos secretos trabalham para as pessoas. A atividade do homem é buscar os mestres secretos. A atividade das crianças é buscar diversão.

Você não reparou os bandos de ex-discípulos de gurus que diariamente nos rodeiam, e o fato de que nem mesmo um entre cem pode ser admitido, pois foram ensinados a desfrutar de algo que deveriam, na verdade, ter sido ensinados a aprender?"

NILI

Alguém descobriu que Nili estava dando exercícios, música e entretenimento para seus discípulos, bem como encorajando-os a ler livros e a se reunir em lugares exóticos.

Esse crítico disse ao sábio:

"Perdi a conta de quantos anos você lutou contra essas superficialidades e ostentações! Agora descubro que as está usando em seu suposto ensinamento. Abandone essa prática imediatamente, ou explique-a para mim."

Nili respondeu:

"Eu não tenho nem de abandoná-la nem de explicá-la, mas fico feliz de informá-lo. Esta é a razão: dou exercícios para pessoas que podem compreender para quê eles servem. A maioria das pessoas não compreende; são como aqueles que foram a um restaurante e, em vez de tomar a sopa, apaixonaram-se pelo cozinheiro. As pessoas escutam música com o ouvido errado, então eu lhes nego a música até que possam se beneficiar dela, e não se distrair com ela. Enquanto não sabem para quê ela serve, elas consomem música como quem aquece as mãos em um fogareiro que poderia estar cozinhando algo. Quanto ao ambiente, algumas atmosferas são cultivadas por estetas, que, dessa forma, privam-se do seu valor adicional e ensinam outros a parar antes de terem adquirido alguma coisa de real valor. Essas pessoas são como aquelas que saíram em peregrinação e a única coisa em que conseguem pensar é no número de passos que deram.

Quanto aos exercícios, não posso dá-los a ninguém — da mesma forma que não posso permitir que leiam livros — enquanto não aprenderem que existe um conteúdo mais profundo do que a superficialidade de sentir o aroma da fruta e se esquecer de que ela está ali para ser comida. Ninguém está se opondo a que sintam o aroma, mas, se se recusarem a comer, em pouco tempo todos estarão mortos."

COMO O HOMEM É SUSTENTADO

O Imam Putsirr anunciou:

"As pessoas visitam o Mestre da Era para obter o que, na verdade, são pequenos benefícios.

Se elas se dessem conta disso, tirariam proveito dos grandes benefícios que sempre lhes foram oferecidos pelo Mestre da Era.

O maior deles é que a comunidade humana inteira, e não apenas um bando de 'crentes', só continua a existir na forma física graças ao trabalho e à vida do Mestre da Era.

Este fato é tão impressionante e improvável, que é chamado, pelos Eleitos, de 'o segredo que está completamente oculto por sua improbabilidade imediata'."

JAN FISHAN E O BUSCADOR

Um homem se aproximou de Jan Fishan e disse:

"Eu segui muitos mestres e estou em contato com um grande número de pessoas sábias. Por favor, dê-me sua atenção e ajuda."

Jan Fishan respondeu:

"A melhor maneira de ajudá-lo é chamar sua atenção para o fato de que você está sendo falso com um mestre, para não dizer com 'muitos', se ainda está vagando por aí e se dirigindo a mim, mesmo depois de tê-los encontrado. A melhor maneira de servi-lo é, se de fato você conhece esses mestres, implorar a você que retorne para um deles e realmente aprenda. Se você tivesse aprendido alguma coisa, saberia que não deve ficar correndo entre dois poços como o cachorro sedento e cobiçoso que acabou perecendo, não de sede, mas de exaustão."

Em seguida, Jan Fishan leu a seguinte passagem do *Munaqib al-Arifin*[1]:

"Maulana Shamsudin Multi relata que Rumi, um dia, em um discurso, declarou que o amava imensamente, mas que ele tinha um defeito. Multi implorou para saber qual era. Rumi disse que o defeito era imaginar que todos os tipos de coisas e de pessoas tinham mérito espiritual. Ele recitou:

'Já que muitos homens têm
A interioridade de Satã,

1 De Shamsudin Aflaki, séc. XIV. (N. E.)

Deveríamos aclamar a todos como santos?
Quando o teu Olho Interior
Está aberto
O Verdadeiro Mestre
Pode, então, ser percebido!'

Quando o olho interior de Multi estava aberto, Rumi recitou o verso a seguir, e ordenou a todos os discípulos que o decorassem:

'Neste bazar de
Ocultos vendedores de remédios,
Não corra para lá e para cá,
De loja em loja.
Mas, ao contrário, sente-se na tenda
Daquele que tem disponível o remédio verdadeiro!'"

OPONENTES

As pessoas costumavam acusar Rumi de ter se desviado do Caminho Reto ao permitir e encorajar brincadeiras, canções e música instrumental e outras atividades incomuns.

Segundo o *Munaqib al-Arifin*, ele nunca respondeu a essas objeções.

Mas outras fontes relatam que ele teria dito:

"A prestação de contas sempre é feita no fim do dia. Vamos ver, tendo decorrido tempo suficiente, se é nosso *trabalho* que é lembrado ou o nome dos nossos críticos.

Todos sabem que existem leões e chacais. Embora, nos dias de hoje, muitos chacais tenham induzido as pessoas a acreditarem que eles são leões, as antigas regras sempre prevalecem ao longo do tempo.

Você ouviu muitas histórias que dizem: 'Era uma vez um leão...' Quantas você conhece que começam assim: 'Era uma vez um chacal...'?"

EXCLUSÃO

Rais al-Aflak, "O Senhor dos Céus", que apareceu repentinamente no Afeganistão e, depois de ter dado um número de palestras enigmáticas, desapareceu, disse:

"Praticamente todos que vêm me ver têm fantasias estranhas sobre o homem. A mais estranha delas é achar que ele pode progredir apenas por meio do acréscimo. Aqueles que me entenderão são os que se dão conta de que o homem tem tanta necessidade de arrancar rígidos acúmulos para revelar a essência conhecedora, quanto de adicionar qualquer coisa.

O homem pensa sempre em termos de inclusão em um esquema de pessoas, ensinamentos e ideias. Aqueles que são realmente os Sábios sabem que o Ensinamento pode ser levado a cabo também pela exclusão daquelas coisas que deixam o homem cego e surdo."

A PEDRA FILOSOFAL

Conta-se que Rumi, a título de demonstração, dotou uma pedra comum de características tais, que aqueles que a viram pensaram que se tratava de um rubi. Levada ao joalheiro, a pedra foi vendida por mais de cem mil *dirhams*.

Mas, falando de transmutação, o próprio Rumi disse:

"Usar a pedra filosofal para converter cobre em ouro é, realmente, espantoso.

Mais espantoso ainda é o fato de que, a cada momento, a pedra filosofal (o homem) é convertida em cobre por meio da sua própria negligência."

BARBARI E O IMITADOR

O dervixe Barbari, fazendo-se passar por um discípulo, participava das reuniões semanais de uma imitação de sufi, que achava que estava ensinando o Caminho verdadeiro.

Toda vez que o dervixe aparecia na reunião, ele fazia ao suposto sufi uma pergunta ridícula.

Depois de ter tido de retrucar bruscamente centenas de vezes, o impostor gritou com Barbari:

"Você vem aqui há doze anos e todas as suas perguntas absurdas são apenas variações da pergunta que você acabou de fazer!"

"Sim, eu sei", disse o dervixe, "mas o prazer que eu tenho de vê-lo assim, tão irritado, é meu único vício."

ISKANDAR DE BALKH

O filho de Iskandar, de Balkh, perguntou-lhe no seu leito de morte:

"Qual é a fonte do seu poder, da sua riqueza e dos seus milagres?"

O pai murmurou:

"Se eu lhe dissesse, cortaria você do contato com essa fonte, portanto, eu não posso contar onde ela está, mas apenas o que ela é."

Ele continuou:

"Nossa tábua de salvação é o Caminho Sufi, e nós somos, por assim dizer, estrangeiros entre selvagens nesse planeta; mas agora eu me reunirei com os nossos."

Seu filho perguntou:

"Por que, ao longo da sua vida, você não contou isso para todo mundo? Pois o seu exemplo, que vai durar mil anos, faria os homens entrarem no Caminho Sufi em hordas, e teria dado a eles as bênçãos dos Eleitos."

Iskandar deu um profundo suspiro e respondeu:

"A ganância de possuir um segredo e o desejo de obter mais do que outros conseguiram atrairia a maioria deles. Meu filho, ensinei a abstinência toda a minha vida, na esperança de que isso aquietasse a cobiça que destrói o homem, mesmo se o que ele cobiça é a bondade."

"Então, o que devo fazer?", perguntou o filho.

"Você desejará a Verdade em favor da Verdade, e nada em seu favor."

"Mas como saberei que estou desejando algo por mim

mesmo e não pela coisa em si?"

"Você se tornará consciente, por meio da prática diária, de que aquilo que você pensa ser você mesmo é confeccionado por crenças inculcadas em você por terceiros, e não é você de forma alguma. Você vai procurar o Mestre da Era até encontrá-lo. E se falhar em encontrar o Líder da Época, terá sido porque, internamente, você o rejeita, e não porque ele não é evidente quanto ao que ele é."

Este é o testemunho do grande sufi Suleiman Najami, filho de Iskandar de Balkh. Dando esse testemunho para seu próprio filho, ele disse:

"No decorrer de uma longa vida, não posso dizer que aprendi mais do que esse legado de sabedoria do meu pai para mim. Assim, eu o ofereço a você."

ALI, FILHO DO PAI DO BUSCADOR

Ali disse:

"Ninguém pode alcançar a Verdade enquanto não for capaz de pensar que o próprio Caminho pode estar errado.

Isso porque aqueles que só conseguem acreditar que ele tem de estar certo, não são crentes, e sim pessoas incapazes de pensar de um modo diferente do que já pensam. Esses indivíduos não são, de forma alguma, homens. Como animais, eles precisam seguir algumas crenças e, enquanto isso, não podem aprender. Como não podem ser chamados de 'humanidade', não podem alcançar a Verdade."

RABIA AL-ADAWIYA

Um dia, Hassan foi até Rabia, que estava sentada entre alguns contempladores, e disse:

"Tenho a capacidade de caminhar sobre as águas. Venha, vamos até aquele lago sentar sobre as águas e ter um debate espiritual."

Rabia respondeu:

"Se você quer se retirar dessa augusta companhia, por que não vem comigo, para que assim possamos voar pelo ar e nos sentarmos ali para conversar?"

Hassan replicou:

"Não posso fazer isso, pois o poder que você menciona não é um poder que eu possua."

Rabia disse:

"Seu poder de permanecer imóvel na água é um poder que os peixes possuem. Minha capacidade, a de voar pelo ar, pode ser realizada por uma mosca. Essas habilidades não pertencem à verdade real; elas podem se tornar as bases da autoestima e da competitividade, mas não da espiritualidade."

ABBUD DE OMDURMAN

Perguntaram a Abbud de Omdurman:

"O que é melhor, ser jovem ou velho?"

Ele respondeu:

"Ser velho é ter menos tempo pela frente e mais erros para trás. Eu deixarei que você decida se isso é melhor do que o contrário."

AJAMI

Hasan perguntou a Ajami:

"Como você alcançou a elevada capacidade espiritual que tem hoje em dia?"

Ajami respondeu:

"Tornando o coração branco pela contemplação celestial, e não deixando o papel negro com a escrita."

CONVERSÃO

Malik, filho de Dinar, relata uma operação de comportamento e conversão.Malik estava remoendo em seus pensamentos o comportamento pervertido de um jovem libertino que morava perto dele. Por muito tempo, ele não tomou nenhuma atitude na esperança de que outra pessoa interviesse. Finalmente, as pessoas começaram a reclamar do jovem.

Malik então se aproximou dele e repreendeu-o, pedindo que se corrigisse. Mas o jovem informou a Malik que era um favorito do sultão e que ninguém poderia impedi-lo de fazer o que bem quisesse.

Malik disse que iria ver o sultão, mas o jovem lhe garantiu que o governante nunca mudaria de ideia a respeito dele.

"Nesse caso", disse Malik, "eu darei parte de você ao Criador acima."

O jovem disse que Deus era clemente demais para repreendê-lo.

Malik estava desconcertado e deixou o jovem para lá. Mas logo sua reputação se tornou tão ruim que houve um protesto público contra ele. Malik saiu para repreendê-lo novamente.

Quando estava se dirigindo à casa do jovem, no entanto, ele ouviu uma voz do além exclamar:

"Não toque no meu amigo!"

Malik ficou impressionado e caminhou até a presença do jovem em um estado de confusão.

Assim que o viu, o depravado lhe perguntou por que estava ali de novo.

Malik respondeu: "Não posso repreendê-lo, mas devo lhe contar o que aconteceu." E relatou a experiência com a voz.

O transgressor disse: "Se Ele é meu Amigo, eu darei todos os meus bens para Ele." Abandonando sua riqueza, tornou-se um andarilho.

Um dia, Malik Dinar encontrou novamente com esse homem em Meca.

O jovem disse:

"Eu vim visitar meu Amigo." E morreu.

ELEVADO E REBAIXADO

Um homem montado em um camelo passou pelo sábio Zardalu e, à visão do homem tão humilde cujos seguidores consideravam um grande mestre, gritou:

"Se o Ensinamento se destina a elevar o homem, por que encontramos tantos homens que são rebaixados?"

Zardalu respondeu sem levantar a cabeça:

"Não fosse pelo Ensinamento o homem não seria rebaixado, eu concordo. Ele seria extinto."

PERPLEXIDADE

Era uma vez um homem que vivia tranquilamente em um lugar próximo de uma montanha. Ele era educado e refinado, mas as pessoas comuns não viam nada de extraordinário nele. Acontece que ele tinha um jeito cativante, e havia algo na sua gentileza e no seu entendimento que fazia com que muitas pessoas fossem até ele e pedissem seus conselhos.

Sempre que alguém ia visitá-lo, ele dava um conselho. Para um ele aconselhou que abrisse uma loja, para outro, que aprendesse a construir jangadas; para um terceiro ele recomendou que aprendesse sobre o cultivo de plantas e a manutenção de jardins.

Um dia, alguns indivíduos que tinham partido para tentar encontrar a Verdade fizeram uma pausa em sua viagem e começaram a conversar.

O primeiro falou: "Eu fui capaz de conduzir com segurança todo o grupo pela torrente traiçoeira que acabamos de atravessar, porque, certa vez, um homem me recomendou aprender a construir jangadas."

O segundo disse: "Quando, durante essa viagem, fomos todos capturados por bandidos, eu consegui nossa liberdade mostrando ao chefe dos ladrões como cuidar do seu jardim. Eu pude fazer isso graças às instruções que me foram dadas por um homem, que sugeriu que eu aprendesse sobre flores e jardins."

O terceiro homem disse: "Escapamos das ameaças dos animais selvagens durante a viagem graças às instruções que me foram dadas por um homem. Foi ele, quando lhe perguntei o que eu deveria fazer na vida, que respondeu: 'Aprenda a triunfar sobre os animais selvagens.'"

E o mesmo aconteceu com todas as pessoas na caravana. Quando compartilharam suas experiências, cada um descobriu que fora informado de uma coisa simples sobre como progredir na vida, embora poucos dentre eles tenham se dado conta de quão importante ela seria para sua sobrevivência.

O guia que estava com eles na jornada disse:

"Lembrem-se de que se não tivessem seguido o conselho do homem, nenhum de vocês estaria aqui; pois há muitas pessoas que foram se aconselhar com ele e riram dele ou se esqueceram das suas lições, pois não reconheceram que poderia haver algum sentido interior naquilo que ele aconselhou."

Quando os viajantes chegaram ao final da sua jornada, eles viram que seu guia era o mesmo homem que vivia ao pé de uma montanha e que lhes aconselhara. Eles mal haviam se recuperado do espanto quando ele os conduziu à presença da Verdade; e eles viram que a Verdade era nada menos do que aquele mesmo homem.

Então os viajantes ficaram perplexos, e seu porta-voz perguntou: "Se você é a Verdade, como todos nós agora vemos, por que não nos contou isso desde o princípio, de modo que teríamos poupado essa viagem e todos esses desconfortos?"

Mas, assim que essas palavras foram pronunciadas, eles se deram conta — porque tinham visto a Verdade — de que nunca teriam sido capazes de perceber a Verdade se não tivessem passado pelos três estágios: o estágio do conselho e de segui-lo, o estágio de viajar e aplicar seu conhecimento, e o estágio de reconhecer a Verdade em si.

Eles foram capazes de chegar ao seu destino, apenas porque algo no seu íntimo pôde reconhecer, no conselho banal do homem ao pé da montanha, um toque interno da verdade, um fragmento da realidade. Desse modo o homem pode chegar ao reconhecimento da Verdade Absoluta.

ADVERTÊNCIA AOS DISCÍPULOS

Agora que você foi inscrito na categoria dos Buscadores, é provável, mais do que nunca, que tropece, pois, esquecendo-se de que a autoestima pode se manifestar em qualquer lugar, você talvez pense que está imune a ela.

Do mesmo modo que os ganhos pelo alistamento entre os Amigos são enormes, os requisitos do discípulo são maiores do que os exigidos nos assuntos corriqueiros.

Hasan, de Basra, ilustrou este fato com a história a seguir (registrada no *Tadhkirat*[2]).

"Eu vi um bêbado tentando atravessar um pântano e disse a ele: 'Cuidado para não afundar, pois isso é um brejo.'

O beberrão respondeu: 'Hasan, se eu for engolido, apenas eu sairei perdendo. Mas, pense em você... se você afundar, seus seguidores irão com você.'"

---

2 Refere-se ao livro *Tadhkirat al-Awliya*, de Faridudin Attar. (N.E.)

HASAN DE BASRA

Hasan de Basra relata:[3]

"Eu estava convencido da minha humildade, de que eu era um homem humilde em meus pensamentos e em minha conduta com os outros.

Então, um dia, eu estava parado de pé à margem de um rio quando vi um homem sentado ali. Ao seu lado estava uma mulher, e diante deles havia uma garrafa de vinho.

Pensei: 'Se ao menos eu pudesse corrigir esse homem e fazer com que seja como eu, em vez de ser essa criatura degenerada que ele é!'

Nesse momento, eu vi no rio um barco que começava a afundar. O homem atirou-se imediatamente na água, onde sete pessoas estavam se debatendo, e trouxe seis delas com segurança até a margem.

Então ele se dirigiu a mim e disse:

'Hasan, se você é um homem melhor do que eu, em Nome de Deus, salve aquele homem, o único que falta salvar.'

Constatei que não podia nem mesmo salvar um único homem, e ele se afogou.

Então ele me disse:

'Essa mulher é minha mãe. Essa garrafa de vinho contém apenas água. Assim você julga, assim você é.'

Eu me joguei aos seus pés e exclamei:

'Da mesma forma que você salvou seis das sete pessoas em perigo, salve-me de me afogar no orgulho disfarçado de mérito!'

---

3 Registrado no *Tadhkirat.*

O estranho disse:
"Rezo para que Deus possa realizar sua aspiração.'"

O QUE FAZER

O sábio sufi Abdulalim, de Fez, recusava-se a ensinar, mas de tempos em tempos, aconselhava as pessoas sobre a maneira de avançar no Caminho.

Um dia, um discípulo, que era tanto incapaz de aprender, quanto regularmente induzido a um estado anômalo ao participar de "cerimônias místicas", visitou-o e lhe perguntou:

"Como eu posso aproveitar melhor os ensinamentos dos sábios?"

O sufi respondeu:

"Fico feliz de poder informá-lo de que tenho um método infalível que corresponde à sua capacidade."

"E qual é esse método, se me permite sabê-lo?"

"Simplesmente tape seus ouvidos e pense em rabanetes."

"Antes, durante ou depois das palestras e dos exercícios?"

"*Em vez* de participar de qualquer um deles."

O TESTE

Abu Nujum visitou o monastério de um adepto do sufismo que era conhecido como Pir-o-Murshid Partau-Gir Dalil.

Dalil disse:

"Veja como, em nossa Ordem, nós nos detemos na beleza do amor celestial! Veja como observamos grandes austeridades e a abnegação! Veja como lemos os clássicos e repetimos os ditos e imitamos os feitos do Eleito Ancestral! Veja que reputação alcançamos; admirados universalmente e tomados como exemplos, estamos, de fato, assentando a fundação de uma casa realmente forte!"

Abu Nujum não disse nada. Ele enviou um dos seus discípulos, Atyyia, para inaugurar uma sala de orações, onde exercícios religiosos contínuos eram realizados, em um dos bairros da cidade de Dalil. Muitos dos discípulos de Dalil, treinados nas devoções e ansiando por mais, abandonaram seu mestre e afluíram para esse novo santo. Então, Abu Nujum encarregou um canalha ignorante de iniciar uma *Tekkia* etérea, uma estrutura especial, onde palavras sublimes e inebriantes e poemas de amor celestial eram pregados e recitados entre seus arcos resplandecentes. Uma outra parte dos seguidores de Dalil afluiu para lá, rendida a essa maravilha. Então, Abu Nujum abriu uma escola onde um giro rítmico era executado sob as instruções do patife mais desalmado de Samarcanda, e muitos dos discípulos de Dalil, agora convertidos às novas observâncias, declararam-se realizados pela experiência maravilhosa de estar ali presente, alguns até mesmo acreditando que aconteceram milagres. Não satisfeito com isso, o implacável Abu Nujum instruiu um clérigo tacanho a recitar, dia e noite, os ditos e feitos dos antigos Mestres, juntamente com longas narrativas extraídas dos clássicos sufis. Uma outra porção dos seguidores descontentes de Dalil marchou em bando até esse homem santo e bebeu do que ele tinha para oferecer. O experimento final foi a fundação de uma Casa de Exercício, onde Abu Nujum oferecia um treinamento rigoroso em austeridades terríveis e exigia grandes sacrifícios de todos os presentes. Dentro dos seus muros, aglomeravam-se príncipes e camponeses, ricos e pobres, mercadores e funcionários públicos, implorando para serem testados e submetidos ao sofrimento por uma causa nobre.

Entre as centenas de discípulos originais de Dalil, apenas três permaneceram fiéis ao seu mestre. Abu Nujum visitou-o em seu monastério e disse:

"Eu fiz tudo que pude para revelar você a você mesmo. Agora cabe a você testar esses três para verificar se eles são, de fato, seguidores de alguma coisa ou se ficaram com você por hábito ou sentimento, ou, talvez, apenas por desacato ao comportamento geral, como é esperado de alguns sob tais circunstâncias."

Dalil se jogou aos pés do verdadeiro Mestre e disse:

"Agora que aprendi que estou padecendo de uma vaidade fútil e que meus discípulos estão equivocados e desejosos de exibicionistas, há alguma esperança, ínfima que seja, de que eu possa segui-lo?"

Abu Nujum respondeu:

"Enquanto você acreditar que não gosta da vaidade e que não obtém prazer no fato de outros dependerem de você, não, não pode. O que temos para comercializar nos foi confiado pelo proprietário. Não é apropriado que o vendamos por uma moeda tão miserável quanto o sofrimento físico, dinheiro que as pessoas querem dar para comprar algo, ou prazer sensual tomado como um serviço a Deus."

Dalil argumentou:

"Mas não nos é dito, nas nossas tradições, por exemplo, que é nobre se sacrificar?"

Abu Nujum respondeu:

"Esses comentários foram originalmente dirigidos a pessoas que tinham superado a vaidade. Se você não fez a primeira ação, como pode querer tentar praticar a segunda?"

Foi essa memorável revelação que produziu a humildade verdadeira de Dalil, que, depois disso, tornou-se o verdadeiro Guia do Turquestão.

OS CEM LIVROS

Um dos *shaykhs* dos Khwadjagan (Mestres) foi informado de que deveria se apresentar, dentro de três meses, diante dos clérigos e juristas do Turquestão, a fim de convencê-los de que ensinava na esfera da *sharia*, a lei tradicional do Islã.

Ele ofereceu enviar seus alunos para serem examinados sobre seu conhecimento dos livros sagrados e dos rituais; mas o rei respondeu que ele seria avaliado de acordo com a regularidade e correção dos seus escritos, como todo pensador é examinado.

Acontece que esse sábio não escreveu nenhum livro. Trezentos dos seus discípulos puseram mãos à obra para produzir, em tempo hábil, livros impecáveis de interpretação das leis e dos costumes.

Quando chegou o momento do confronto, o sábio disse aos investigadores reunidos:

"Eu trouxe cem dos livros que contém os ensinamentos transmitidos aos meus seguidores. Se quiserem inspecionar os outros, dêem-nos algum tempo, pois o restante dos mil livros nos quais nosso trabalho está encarcerado existe apenas no coração dos discípulos; mas podemos redigi-los para vocês aqui — e eu trouxe quinhentas pessoas para iniciar o trabalho agora mesmo —, se assim desejarem."

VEÍCULO

Alguém se queixou a um sábio sufi de que as histórias que ele distribuiu eram interpretadas de distintas maneiras pelas pessoas.

"Esse é, exatamente, seu valor", ele disse. "Com certeza você não refletiria muito sobre uma xícara onde se pode beber leite, mas não água; ou um prato onde se pode comer carne, mas não frutas. Uma xícara e um prato são recipientes limitados. Quão mais capaz deveria ser a linguagem de prover nutrição? A questão não é: 'De quantas formas posso entender isso' ou 'Por que não posso ver isso de uma única maneira?' E sim: 'Pode esse indivíduo se beneficiar do que está encontrando nas histórias?'"

A FÓRMULA

Um mestre famoso deu a um discípulo uma fórmula e disse:

"Repita isso ao se levantar pela manhã, no meio do dia e ao anoitecer. Enquanto você permanecer meu discípulo fiel, pode ter certeza de que todos os seus negócios físicos e mundanos irão prosperar."

Ao ouvir isso, um outro discípulo do mesmo sábio ficou ansioso para receber o mesmo tratamento. O sábio disse a ele:

"Primeiro de tudo, isso é uma prescrição seletiva e não é todo mundo que pode se beneficiar dela. Em segundo lugar, mesmo que ela fosse necessária para avaliá-lo, a maneira como você me abordou em relação ao assunto tornou impossível dá-la a você."

O discípulo perguntou:

"Como eu teria abordado você, se eu estivesse no estado correto?"

O sábio respondeu:

"De forma muito mais hesitante. Eu, com certeza, dou pouca importância ao jeito da sua solicitação. É apenas coincidência que a maneira brusca da sua abordagem pudesse irritar alguém com algo para oferecer de uma espécie mais material.

Mas você talvez possa aprender, examinando seus próprios modos — que não deveriam ser nem abruptos nem bajuladores —, que uma mente no estado em que a sua se encontra, nesse momento, não pode receber e trabalhar com um exercício como esse."

A VIDA E OS FEITOS DOS MESTRES

Perguntaram a um dervixe do primeiro escalão:

"Por que as pessoas dedicam tanto tempo e esforço a estudar a vida e os feitos dos Mestres do passado, se a vida deles pode ter sido mal contada e seus feitos realizados para produzir efeitos naquele momento, e suas palavras podem estar cheias de significados ocultos?"

Ele respondeu:

"O propósito de tal estudo é o aprendiz conhecer o que é dito pelos Mestres e sobre eles. Algumas dessas coisas são úteis no nível comum. Algumas se tornarão simples à medida que o discípulo progredir. Algumas são enigmáticas, de forma que seu entendimento virá no momento correto, apenas quando o Buscador estiver pronto. Algumas devem ser interpretadas por um mestre. Algumas estão aí para provocar oposição por parte daqueles que não puderam prosseguir no Caminho, de modo a impedi-los de interferir com o Povo do Caminho. Lembre-se bem de que a aversão ao nosso trabalho é, normalmente, um sinal para nós de que a pessoa que está nos evitando é alguém que nós mesmos deveríamos evitar."

MUDANÇA

Partau perguntou a Rastgu:

"Por que os *shaykhs* sufis trabalham de tantas maneiras diferentes?"

Rastgu respondeu:

"Se um aluno pensa que é possível aprender alguma coisa apenas memorizando, ou simplesmente fazendo movimentos corporais ou exercícios respiratórios, ou concentrando-se no companheirismo com um sábio, tal indivíduo não é, de forma alguma, um aluno. Se um mestre pensa que pode transmitir o Ensinamento para qualquer um limitando-o ao auto-exame, ou insistindo apenas na disciplina e nos rituais, isso seria tão estúpido quanto o estudante recusar se submeter a alguma dessas coisas ou a todas.

Ao examinar os métodos dos sábios, um dervixe deve sempre se lembrar de que o homem aprende de inúmeras maneiras a fazer coisas comuns no mundo comum. Esperar aprender algo superior com os meios escassos que são usados para ensinar algo inferior é distintivo de alguém que ainda não se tornou um aluno. Em um guia, é a marca de um repetidor, não de um mestre. Pode ser a marca de uma imitação; mas tudo vai depender se esse homem é um representante de um sábio ou se é arrogante o bastante para pensar que imitação é ensinamento."

APETITE

Perguntaram a Firoz:

"Os livros e a presença de um homem de sabedoria aumentam o apetite do público em aprender, e também daqueles que querem compreender o verdadeiro sentido do homem. Não é nocivo criar expectativa naqueles que talvez não possam se beneficiar do Ensinamento e que são incapazes de reconhecer sua beleza, seu sentido e sua importância?"

Ele respondeu:

"A água atrai o homem ávido, mas isso não é argumento contra a água. Existem homens vorazes que são estimulados ao verem damascos. Se tentarem roubá-los, poderão ser punidos. Se a sua voracidade faz com que eles os devorem a ponto do seu estômago não aguentar a carga, eles ficarão doentes. O dono do pomar não adoece."

O questionador continuou:

"Mas, para o bem do homem sedento, não se poderia dar a ele água em pequenas quantidades, de modo que ele não faria mal a si mesmo?"

Firoz respondeu:

"Às vezes há uma pessoa bondosa presente, que vê um sedento enlouquecido e impede que ele se mate bebendo água demais. Outras vezes, como você bem sabe, o homem sedento topa com um poço e não há ninguém ali para impedir que ele se destrua. Mesmo que houvesse um espectador com boas intenções para lhe dizer: 'Tenha cuidado', o homem enlouquecido de sede iria empurrá-lo e considerá-lo seu inimigo."

O questionador perguntou:

"Não há uma maneira de se resguardar desses perigos?"

Firoz respondeu:

"Se você puder encontrar alguma coisa nessa vida que não corra nenhum perigo de abuso ou que não tenha riscos para o estúpido, informe-me e eu passarei todo o tempo concentrado em tal coisa. Enquanto isso, aprenda, antes que seja tarde, que o guia existe porque o caminho é acidentado. Se você, por assim dizer, quer ser capaz de inspirar sem expirar, ou de acordar sem se deparar com o dia, você não é um Buscador, mas, simplesmente, um diletante barato, e também um hipócrita, pois nomear-se algo que não se é, é contrário à dignidade das pessoas de dedicação e retidão."

ÓLEO, ÁGUA, ALGODÃO

Um homem que gostava muito de estudar todos os tipos de sistemas de pensamento escreveu para um Mestre dervixe[4] e lhe perguntou se poderia falar com ele, a fim de fazer comparações.

O dervixe enviou-lhe uma garrafa contendo óleo e água, e um pedaço de pavio de algodão. Incluída no embrulho havia esta carta:

> "Caro amigo,
> Se você colocar o pavio no óleo, obterá luz quando atear fogo a ele. Se você decantar o óleo e colocar o pavio na água, não terá luz nenhuma. Se sacudir o óleo e a água e colocar o pavio, você obterá uma crepitação e um apagão. Não há necessidade de levar a cabo esse experimento por meio de palavras e visitas, se pode ser feito com materiais tão simples quanto esses."

4 Refere-se a Abdul-Aziz de Meca.

SAYED SABIR ALI-SHAH

Perguntaram ao *sayed*: "Por que o Shaykh Attar escreveu *Recapitulação dos Amigos de Deus*[5]?" Ele respondeu: "Porque o Corão não estava mais sendo experienciado, e sim explicado."

"E por que Maulana Rumi escreveu o *Masnavi*?"

"Porque o *Recapitulação* não estava sendo lido, e sim memorizado."

"E quem são as pessoas que podem interpretar os escritos dos sufis?"

"Aquelas que não necessitam do que eles contêm."

"Como elas são chamadas?"

"Você pode denominá-las uma espécie muito especial de merceeiro. O merceeiro é um homem que tem muito mais suprimentos do que necessita para si mesmo, e então ele os vende para outras pessoas. Nós os chamamos de *Pirs* (anciãos) e *Murshids* (guias)."

---

5 *Recapitulation of the Friends of God*, no original em inglês. Idries Shah está se referindo, novamente, ao livro *Tadhkirat al-Awliya*, de Faridudin Attar, que aparece traduzido como *Recital of the Friends* ou *Recital of the Saints* em outros livros do autor. (N.E.)

EM MECA

Junaid conta que, certa vez, viu um barbeiro em Meca barbeando um homem rico. Dervixe errante, ele foi até o barbeiro e pediu que o barbeasse. O barbeiro largou seu abastado cliente imediatamente e atendeu Junaid. Em vez de cobrar, ele lhe deu dinheiro.

Junaid decidiu internamente que qualquer coisa que lhe fosse dada em caridade naquele dia, ele levaria para o barbeiro.

Não muito tempo depois, alguém se aproximou do dervixe e lhe entregou um saco de ouro. Junaid correu até a barbearia e ofereceu o ouro ao barbeiro.

O barbeiro disse:

"Você não tem vergonha de oferecer pagamento por algo que foi feito em favor de Deus?"

HALQAVI

Perguntaram a Halqavi:

"Que comportamento você adotou, ao longo da sua vida, em relação às pessoas que encontrou, a fim de definir suas qualidades?"

Ele respondeu:

"Em geral, eu agi de maneira submissa e humilde. Aqueles que ficaram agressivos em resposta à minha humildade, eu evitei o mais cedo que pude. Daqueles que me respeitaram por causa da humildade da minha aparência, eu me distanciei tão rapidamente quanto."

AS VIAGENS DE KAZWINI

Homens úteis realizando um trabalho útil não ficam zangados se são chamados de inúteis. Mas o homem inútil, que pensa estar operando de maneira significante, fica furioso se essa palavra é adotada para defini-lo.

"Eu visitei", diz Kazwini, "um grupo de sufis sinceros o bastante. Eles praticavam invocações e dedilhavam as cordas de um instrumento.

Eu ouvi discursos de autoridades eminentes e frequentei os festivais dos Mestres, vivos e mortos.

Eu vesti o manto de retalhos e mendiguei de porta em porta, como indicado nos clássicos.

Eu rezei, jejuei e fiz caridade.

Eu aprendi os intricados giros e litanias, e tomei parte na Quietude.

Eu desenvolvi a habilidade de conter a agitação interna.

Eu aprendi a apagar meu 'eu' e a restituí-lo, purificado.

Depois eu encontrei a Prova em pessoa. A Prova me perguntou: 'O que você busca?'

Respondi:

'Eu busco o Mestre.'

A Prova replicou:

'Se você tivesse pedido mais ação, eu lhe teria dado. Mas como você deseja a Verdade, eu o conduzirei à Verdade.'

Ele me levou ao Mestre. E o Mestre me ensinou o que significava realmente toda a exterioridade que eu havia estudado.

Quando retornei ao mundo, ninguém me deu ouvidos, e a

exterioridade continua. E, como profetizou o Mestre, continuará até o fim dos tempos."

INCONGRUÊNCIAS

Um raro escrito de Rafik explica a realidade intencional por trás da incongruência aparente.

"Observe bem", diz ele, "as pessoas que expressam surpresa diante das incongruências que encontram no discurso e na ação dervixes.

Essas pessoas ainda não se deram conta de que o Caminho é seguido através de meios eficazes, e não da 'uniformidade'.

Se você constata que as aparências e os procedimentos de alguma Tekkia são idênticos a de qualquer outra, saiba que pelo menos uma delas é uma imitação.

O dervixe que só consegue dizer a mesma coisa para todo mundo o tempo todo não é um mestre, meu caro amigo!

As crianças invariavelmente gostam das coisas que são sempre as mesmas.

Aqueles que apreciam e compreendem as raridades buscam a singularidade, não é mesmo? Eles não buscam a uniformidade, e sim o contrário.

Contudo, o literalista superficial age e pensa como uma criança sem discernimento. Só que ele insiste em ser tratado não como uma criança, mas como um perito."

UM RELATO DE KIRMANI

O salão da Tekkia do monastério sufi em Shishtout tem azulejos deslumbrantemente incrustados e de valor inestimável.

Ao longo de quase trezentos anos, *shaykhs*, emires, sultões e homens cultos afluiram até lá para meditar e se sentar com o Mestre da Era.

Mas ele tinha seu próprio círculo e executava seus próprios exercícios em um cômodo retangular que parecia uma cozinha.

É por isso que existe, em muitas Tekkias, um ponto conhecido como "O Piso da Fornalha".

A TERRA DA VERDADE

Certo homem acreditava que a vida de vigília corriqueira, como as pessoas a conhecem, não podia, absolutamente, estar completa.

Ele procurou pelo verdadeiro Mestre da Era. Ele leu muitos livros e se juntou a vários círculos, e ouviu as palavras e testemunhou os feitos de um mestre após o outro. Ele levou a cabo as instruções e os exercícios espirituais que lhe pareciam mais atraentes.

Ele ficou exultante com algumas de suas experiências. Outras vezes, ficou confuso, e não tinha a menor ideia de qual era o seu estágio ou de onde e quando sua busca deveria terminar.

Um dia, esse homem estava examinando seu comportamento, quando, de repente, viu-se próximo à casa de um certo sábio de renome. No jardim da casa ele encontrou Khidr, o guia secreto que mostra o caminho para a Verdade.

Khidr o levou a um lugar onde ele viu pessoas em grande aflição e desgraça, e perguntou a elas quem eram. "Somos aqueles que não seguiram os ensinamentos verdadeiros, que não foram sinceros com as suas tarefas, que reverenciaram autonomeados mestres", elas responderam.

Depois o homem foi conduzido por Khidr a um lugar onde todo mundo era cativante e cheio de alegria. Ele perguntou quem eles eram. "Somos aqueles que não seguiram os verdadeiros Sinais do Caminho", eles reponderam.

"Mas se vocês ignoraram os Sinais, como podem estar felizes?", perguntou o viajante.

"Porque escolhemos a felicidade em vez da Verdade", responderam as pessoas, "da mesma forma que aqueles que escolheram o autonomeado escolheram, também, a infelicidade."

"Mas a felicidade não é o ideal do ser humano?", perguntou o homem.

"A meta do ser humano é a Verdade. A Verdade é mais do que a felicidade. O homem que possui a Verdade pode ter qualquer estado de ânimo que desejar, ou nenhum", eles disseram. "Nós fingimos que a Verdade é felicidade e a felicidade, Verdade, e as pessoas acreditaram em nós; por isso, você também pensou, até agora, que felicidade tem de ser o mesmo que Verdade. Mas a felicidade faz de você um prisioneiro, da mesma forma que o pesar."

Depois disso, o homem se viu de volta ao jardim, com Khidr ao seu lado.

"Eu lhe concederei um desejo", disse Khidr.

"Desejo saber como falhei na minha busca e como posso triunfar", pediu o homem.

"Você desperdiçou sua vida", disse Khidr, "pois foi um mentiroso. Sua mentira consistiu em buscar gratificação pessoal enquanto poderia estar buscando a Verdade."

"E ainda assim cheguei ao ponto onde o encontrei", disse o homem, "e isso é algo que dificilmente acontece com alguém."

"E você me encontrou", disse Khidr, "porque teve, apenas por um instante, sinceridade suficiente para desejar a Verdade por ela mesma. Foi essa sinceridade, nesse único instante, o que me fez atender ao seu chamado."

Agora o homem sentiu um desejo devastador de encontrar a Verdade, mesmo que perdesse a si mesmo.

Khidr, entretanto, tinha começado a se retirar, e o homem correu atrás dele.

"Você não deve me seguir", disse Khidr, "porque estou voltando para o mundo ordinário, o mundo das mentiras, pois é onde eu tenho de estar, se quiser fazer meu trabalho."

E quando, novamente, o homem olhou ao redor, ele se deu conta de que não estava mais no jardim do sábio, mas se encontrava na Terra da Verdade.

LINGUAGEM

Perguntaram a Rifai:

"Por que você tem de usar tantas analogias quando fala de um entendimento superior? Você não pode falar sobre essas coisas na linguagem comum?"

Ele respondeu:

"Esse é um exemplo da 'sublime ignorância produzindo informação correta'. Se não houvesse pessoas que não soubessem coisas, nós não seríamos capazes de discernir quem é sábio. Saiba, portanto, que a linguagem é, ela mesma, uma analogia. Cada palavra, cada frase, cada letra é uma analogia.

Não podemos falar diretamente de coisas superiores com palavras, já que nenhuma linguagem abarca coisas superiores sem abarcar coisas inferiores ao mesmo tempo.

QUASE UMA MAÇÃ

Najrani declarou:

"Se você diz que pode 'quase compreender', está dizendo um absurdo."

Um teólogo que gostou dessa frase perguntou:

"Você poderia nos dar um equivalente disso na vida diária?"

"Certamente", respondeu Najrani. "Isso equivale a dizer que algo é 'quase uma maçã'."

ETIQUETA

Um questionador perguntou ao Sayed Khidr Rumi:

"Há alguma coisa que pode ser chamada de a pior e também a melhor das convenções humanas?"

Ele respondeu:

"Sim, de fato existe tal coisa, e seu nome é 'etiqueta'.

A vantagem da etiqueta e da conduta é permitir que o Sábio aborde o estudante sem ser alvo de escárnio e torna a busca possível para o estudante sem que as pessoas o julguem ridículo.

A desvantagem da etiqueta, o que faz dela a pior das convenções humanas, é que ela permite ao ignorante erigir suas próprias regras do que é permitido no pensamento e na conduta, e do que não é. Se essas pessoas decidem que há certas coisas que nunca deveriam ser pensadas ou feitas, então elas podem, efetivamente, impedir a transmissão do conhecimento."

O questionador perguntou:

"Você poderia me dar um exemplo de como isso acontece no nosso Ensinamento?"

Sayed Khidr Rumi respondeu:

"Tornou-se comum as pessoas dizerem, quando leem livros prescritos e relatos dos feitos dos Mestres: 'Isso é uma analogia que não se aplica a mim.' Também lhes permite dizer: 'Isso é um encontro com um homem imbecil. *Eu* jamais poderia pensar como o homem da história; portanto, o Mestre, nesse exemplo, está lidando com um tipo de pessoa completamente diferente.' A verdade é que uma pessoa assim é sempre aquela que mais necessita do ensinamento, embora não tenha consciência disso.

Tem a história do cachorro que ficou aflito quando um

homem, referindo-se a ele, gritou: 'Veja que criatura sarnenta!' O cachorro, em vez de procurar um especialista que curaria sua sarna, saltou em uma poça d'água e saiu encharcado. Ele correu até o homem, abanando o rabo, como se estivesse dizendo: 'Veja meu pelo mudou, tudo o que há agora é umidade onde antes havia um tapete de poeira!' O homem começou a amaldiçoá--lo ainda mais intensamente, pois não queria que o cachorro se sacudisse jogando água nele todo.

O cachorro ficou convencido de que o homem era irracional, embora a questão fosse simplesmente que um não entendia o outro. No caso dos atos relatados dos Sábios, a 'cachorritude' no estudante tem de entender que o especialista está falando de uma melhora real, e não ilusória, em seu estado."

REAÇÕES

Certo filósofo disse a um sábio sufi:

"Deve-se sempre lidar com, digamos, um fazendeiro, um soldado, ou um mercador, de forma diferente."

O sufi discordou dizendo:

"As pessoas se comportam da mesma maneira, se você as aborda da mesma maneira."

O sufi enviou um homem rico para viver em uma choupana, e mandou um fazendeiro visitar um amigo que morava em um palácio, e um soldado se relacionar com os amigos de um mercador rico.

Todos eles ficaram deprimidos no seu novo ambiente, e todos lhe enviaram mensagens dizendo: "Nós queríamos estudar com você, e nos encontramos deprimidos e sem progredir nos estudos."

Bem, o sufi mostrou as cartas ao filósofo e ressaltou: "Não consigo ver nenhuma diferença no comportamento desses três homens, todos diferentes e em diferentes ambientes."

Ele enviou uma mensagem para os três, na qual dizia: "Eu queria testar sua determinação, se você iria florescer se fosse colocado em um lugar que não esperava."

Todos os três se encontraram mais tarde na casa do sufi e concordaram que este, não tendo conseguido influenciá-los de alguma forma, estava agora tentando explicar sua conduta de um jeito que os impressionaria.

O filósofo, convidado a visitar o sufi, depois de examinar os três homens, disse: "Eu admito que os três mostraram o mesmo tipo de comportamento. Mas ao fazer essa demonstração para mim, você violou os seus próprios princípios de ensino, pois preferiu a vitória ao que vocês chamam de ensinamento verdadeiro. Você fez com que esses homens desacreditassem de todos os sufis e, dessa forma, colocou-os fora do domínio do seu ensinamento."

O sufi respondeu: "Ao contrário, foi você que deixou de observar que eu escolhi, em primeiro lugar, candidatos que, de qualquer forma, não teriam acesso ao entendimento superior. Não poderia haver, portanto, nenhum desperdício de potencial."

O filósofo, contudo, persistiu: "Se esteve trabalhando com pessoas que não tinham perspectiva, você, sem dúvida, violou um outro princípio das pessoas da sua escola. Este, eu devo lembrá-lo, é o seu argumento: 'Tudo o que um sufi faz está conectado de forma significativa com a meta superior.'"

O sufi replicou: "Você está, mais uma vez, equivocado, porque escolhe suas próprias interpretações, preferindo ignorar o funcionamento do Ensinamento. Eu terei de explicar. A demonstração, dado que suas lições sejam aprendidas, permite a outros que aprendam e evitem erros semelhantes. Essa é uma parte essencial da meta superior. As palavras por si mesmas são inúteis; o que as palavras podem fazer é exatamente o inverso da inutilidade."

MOTIVAÇÃO

Uma mulher estava sentada à beira da estrada chorando amargamente na tumba da filha. Ela era objeto de simpatia e preocupação de todos que a viam. Ainda assim, Shaykh Attar observa que aqueles que simpatizavam com ela estavam em uma situação ainda pior.

A mulher, como um andarilho ressaltou, diferentemente de milhares de outras pessoas ao redor, pelo menos sabia a causa do seu sofrimento e o objeto do qual havia sido separada.

O homem está em uma condição semelhante de alienação, por assim dizer, da sua família, mas não sabe disso. Tudo o que ele sabe é que está infeliz, e tem, então, de inventar motivos aos quais atribuir sua infelicidade.

TRÊS INTERPRETAÇÕES

Três dervixes que resolveram encontrar a Verdade chegaram à casa de um dos grandes mestres.[6]

Eles lhe pediram que os ajudasse. Como resposta, ele os conduziu até o jardim. Pegando um bastão feito de galhos secos, ele andou de um canteiro de flores para o outro, arrancando os brotos da planta mais alta.

Quando eles retornaram à casa, o sábio se sentou entre os estudantes e perguntou: "Qual o significado das minhas ações? Qualquer um de vocês que as interprete corretamente, será aceito para o Ensinamento."

O primeiro dervixe disse: "Minha interpretação da lição é: as pessoas que pensam que sabem mais do que os outros podem ter de passar por um nivelamento no Ensinamento."

O segundo dervixe disse: "Minha compreensão das ações é: as coisas que são bonitas na aparência podem não ter nenhuma importância no todo."

O terceiro dervixe disse: "Eu descreveria o que você fez como uma indicação de que uma coisa morta, mesmo que seja um bastão feito de conhecimento redundante, pode ainda prejudicar o que está vivo."

O Mestre disse: "Todos estão inscritos, pois os significados estão compartilhados entre vocês. Nenhum de vocês sabe tudo; o que todos têm não está completo; mas o que cada um disse está correto."

---

6 Mir Alisher Nawai, supostamente.

CAPOEIRA

Certo mestre do mais alto escalão era, também, fazendeiro. Ele tinha escrito muitos livros e conferências. Um dia, um homem que havia lido todos eles e pensava ser um Buscador apareceu para discutir com ele assuntos elevados.

"Eu li todos os seus livros", disse o visitante, "e concordo com alguns e discordo de outros. Da mesma forma, em alguns, eu concordo com algumas partes e não compreendo outras. Gosto mais de alguns livros do que de outros."

O fazendeiro-sábio levou o visitante até a capoeira, onde animais e forragem eram abundantes. Então ele disse: "Eu sou um fazendeiro, um produtor de alimento. Vê essas cenouras e essas maçãs? Algumas pessoas gostam de cenoura e outras de maçã. Vê os animais? Algumas pessoas viram todos eles, mas têm suas preferências: para montaria, reprodução ou alimento. Alguns gostam de galinha, outros de bode.

O denominador comum não é gostar ou desgostar. O fator comum é a nutrição. É tudo *comida*."

AREIA RAIADA

Era uma vez uma mulher que abandonou a religião na qual havia sido criada. Ela deixou, também, a categoria dos ateístas e ingressou em uma nova fé. Depois ela se convenceu da veracidade de mais outra.

Cada vez que trocava de crença, ela achava que tinha adquirido algo, mas não o suficiente. Sempre que ingressava em uma nova congregação, ela era bem recebida e seu recrutamento visto como uma coisa boa e um sinal de santidade e iluminação.

Seu estado interno, no entanto, era de confusão. Por fim, ela ouviu falar de um mestre renomado e foi vê-lo[7]. Depois de ter escutado suas queixas e ideias, ele disse: "Volte para casa. Eu lhe enviarei uma mensagem com a minha decisão."

Pouco tempo depois, um discípulo do *shaykh* batia à porta da mulher. Ele tinha nas mãos um embrulho enviado pelo Mestre. Ela abriu o embrulho e viu que continha uma garrafa de vidro cheia até a metade com três camadas — preta, vermelha e branca — de areia socada, mantidas assim por um chumaço de algodão. Do lado de fora da garrafa estava escrito: "Retire o algodão e sacuda a garrafa para ver como você é."

Ela retirou o enchimento e agitou a areia dentro da garrafa. Os grãos de areia de cores diferentes se misturaram e tudo que restou foi uma massa de areia cinzenta.

---

7 Segundo a tradição, trata-se do Imam Jafar Sadik.

BUSCAR APRENDER A BUSCAR

Rais al-Suluk ensinou para seus discípulos:

"Eu tenho apenas uma lição. Quando a tiverem aprendido, vocês serão capazes de aprender outra.

Eu procurei por toda parte pela espiritualidade até entender que ela não seria encontrada onde o indigno a procura.

Meu Mestre, Hakim Anis, ensinou-me que eu tinha de aprender a ser digno de buscar.

Buscar sem mérito é arrogância velada.

Perguntei a Hakim aonde eu deveria ir para encontrar conhecimento, e não opinião.

Então ele me ensinou o que eu não queria aprender, de uma forma que eu não queria. Ele me ensinou a buscar conhecimento."

A NECESSIDADE DO ENSINAMENTO

Perguntaram a Maruf, filho de Zayd:

"Por que o Ensinamento não é oferecido para povos de tantos países que, por meio do seu avanço material, poderiam ajudar no progresso do Trabalho?"

Ele respondeu:

"Onde um povo não tem capacidade e onde a atividade não tem mestres, não há vantagem no avanço material nem em outro avanço. Não se pode forjar espadas onde não há ferro.

Um dia — você deve se lembrar de ter lido no *Munaqib* — Muinudin solicitou a Maulana Rumi que desse ao seu filho 'um treinamento místico especial por projeção'. Rumi respondeu: 'A carga que quarenta homens arrastam não pode ser sustentada por um.'

A força mística pode ser percebida por homens, e não por um homem sozinho. Onde não há quantidade não pode haver compartilhamento.

Se você tivesse um camelo carregado de *halwa*, precisaria do número exato de caixas para colocar a carga antes de descarregá-la."

O questionador não ficou feliz com essa resposta, e disse:

"O sábio deixou de observar que nós não somos mercadores de *halwa*!"

O sábio, no entanto, replicou gentilmente: "Se fossem, vocês compreenderiam o que quero dizer."

OBSERVANDO AS PRÓPRIAS OPINIÕES

"Durante meses", recordou o sábio Hakim Masum, "meu Mestre, Khwadja Alam Shah, fez-me escrever cartas ditadas por ele e anotar o que ele dizia e pensava.

Quando o vi escrever, pude perceber que ele escrevia mais rápido e mais bonito do que eu. Muitas das coisas que escrevi foram tão mal escritas, que era difícil lê-las.

Um dia ele disse:

'Estive tentando lhe dar o exercício que você precisava. Se aperfeiçoar sua velocidade e caligrafia, tanto melhor. Se pensa que eu sou ignorante ou preguiçoso demais para fazer meu próprio trabalho, você tem a chance, logo em seguida, de observar suas próprias opiniões e de ver que são opiniões; e perceber que as opiniões, se são exatamente aquelas que lhe convém, distorcem seu juizo.'"

GRANDE VALOR

Um homem disse a Bahaudin:

"Primeiro eu segui esse mestre, depois esse outro. Então estudei esses livros, e logo depois esses. Sinto que, embora eu não saiba nada a seu respeito e sobre seus ensinamentos, essa experiência foi, aos poucos, me preparando para aprender com você."

O Shah respondeu:

"Nada do que você aprendeu no passado o ajudará aqui. Se vai ficar conosco, terá de abandonar todo o orgulho do passado. Essa é uma forma de autocongratulação."

O homem exclamou:

"Para mim, essa é a prova de que você é o maior, o autêntico e o verdadeiro Mestre! Pois nenhum daqueles que encontrei no passado ousou negar o valor daquilo que eu havia estudado!"

Bahaudin disse:

"Esse sentimento não tem, em si mesmo, nenhum valor. Ao me aceitar tão entusiasticamente, e sem compreender, você está lisonjeando a si mesmo por ter percepções que, na verdade, você não tem.

Você ainda está, de fato, dizendo: "Eu tenho valor, pois reconheci que Bahaudin é um grande homem."

ANALOGIA

Um importante erudito disse a um sufi:

"Por que vocês sufis sempre usam analogias? Essas formas são boas para os ignorantes, mas com as pessoas de bom senso vocês podem falar claramente."

O sufi respondeu:

"A experiência mostra, infelizmente, que não é uma questão de ignorância e sabedoria. A questão é que aqueles que mais têm necessidade de um determinado entendimento, ou mesmo uma certa porção de entendimento, são sempre os menos capazes de aceitá-lo sem uma analogia. Fale diretamente e eles irão impedir a si mesmos de perceber a verdade do que é dito."

PESSOAS DE SORTE

Ishan Turki enviou um discípulo sozinho em uma longa jornada. Suas instruções foram para que procurasse por pessoas que se consideravam sortudas, e passasse seu tempo apenas com elas: morasse e comesse com elas, e se sustentasse trabalhando para elas.

Quando lhe perguntaram por que fizera isso, o Mestre respondeu:

"Todas as pessoas que se consideram sortudas têm o tipo de serenidade ao qual eu gostaria de expor meus discípulos. A melhor maneira de capacitá-lo a encontrar esse tipo de pessoa foi descrever a característica principal que uma pessoa assim possui.

Se eu tivesse dito a ele que encontrasse pessoas serenas, ele não teria sabido como fazê-lo."

Alguém perguntou:

"Mas e se ele tivesse encontrado um homem genuinamente "de sorte" que *soubesse* que era sortudo, e não alguém que apenas pensava isso porque era calmo e otimista?"

Ishan respondeu:

"Um homem assim seria um mestre ou um sábio. Saberia como lidar com meu discípulo, como levar seu progresso mais adiante, e, consequentemente, trabalharia para o benefício de todos nós."

VALOR EM DINHEIRO

Awad Afifi escreveu um livro no qual havia anotado as conversas que tivera com sábios e filósofos ao longo de vinte anos de viagens e estudos.

Um dia, um erudito foi visitá-lo e perguntou se poderia fazer uma cópia do livro.

"Sim", respondeu Awad, "certamente você pode fazer uma cópia. No entanto, eu lhe cobrarei mil peças de ouro por isso."

"É uma soma exorbitante a se pagar por algo que você tem aqui, e que eu nem mesmo vou esgotar por copiar", replicou o erudito. "E, além disso, é indigno cobrar pelo conhecimento."

"Não cobro pelo conhecimento em si", disse Awad, "pois o conhecimento não está nos livros, apenas algumas maneiras de se obtê-lo. Quanto às mil peças de ouro, pretendo gastá-las nas despesas de viagem de pupilos que não têm condição de viajar. E quanto à magnitude da quantia, eu gastei cinquenta mil nas minhas viagens, além de vinte anos da minha vida. Talvez você se interesse em me dizer quanto custaria isso.

O HOMEM QUE DEU MAIS... E MENOS

Inqilabi disse:

"Eu visitei muitos Mestres respeitáveis, todos intensamente venerados por seus adeptos, todos venerados por mim.

Então, eu encontrei um diferente. Ele me disse tantas coisas que eu nunca havia imaginado, que eu o considerei o mais generoso de todos.

Mas, quando, por meio da sua ajuda, eu alcancei o pleno conhecimento do Segredo, percebi que todos os outros foram muito mais generosos. Eles me contaram tudo o que sabiam, mas isso foi útil aparentemente, e não verdadeiramente.

Generosidade sem substância é nobreza, e não sustento.

Por que ele não me deu mais daquilo que possuía?

Eu o teria acusado de sovinice, mas não poderia, pois apenas no final foi que me dei conta — como acontece com uma criança — de que, embora ensinando-me pouco em comparação com o que havia, ele me guiou corretamente. Ele me deu o que era necessário, não o que era extraordinário."

QUANDO ATÉ MESMO OS REIS SÃO FRACOS...

Frequentemente, ao longo da sua vida, perguntaram a Shah Firoz — que é lembrado como mestre de muitos sufis ilustres — por que ele não ensinava mais rápido.

Ele respondeu: "Porque, até um certo grau de entendimento, nem mesmo o indivíduo mais dedicado poderia, de maneira alguma, ser ensinado. Ele está presente fisicamente, mas ausente de todas as outras formas."

Ele também contou a história a seguir.

Era uma vez um rei que queria se tornar um sufi. O sufi que ele abordou sobre o assunto disse: "Vossa Majestade não pode estudar com os Eleitos enquanto não puder superar a negligência."

"Negligência?", exclamou o rei. "Não sou dedicado às minhas obrigações religiosas? Não cuido eu das pessoas? Quem você pode encontrar em todo o meu reino que tenha uma queixa contra mim em termos de negligência?"

"É exatamente essa a dificuldade", respondeu o sufi, "pois a negligência está tão marcada em algumas coisas, que as pessoas pensam que ela deve fazer parte da sua textura."

"Não consigo entender esse tipo de observação", disse o rei, "e, talvez, você me considere inadequado porque não posso decifrar seus enigmas."

"De forma alguma", respondeu o sufi; "mas um aspirante a discípulo não pode, na verdade, ter um debate com o seu futuro mestre. Os sufis se ocupam do conhecimento, não da argumentação. Mas eu lhe darei uma demonstração da sua negligência, se passar por um teste e fizer o que eu disser."

O rei concordou em fazer o teste. E o sufi mandou que ele repetisse "eu acredito em você" para tudo o que lhe fosse dito nos próximos minutos.

"Se isso é um teste, é bem fácil começar a virar um sufi", disse o rei.

Então o sufi deu início ao teste. Ele disse:

"Eu sou um homem de além dos céus."

"Eu acredito em você", replicou o rei.

O sufi continuou:

"Pessoas comuns tentam obter conhecimento; os sufis têm tanto que tentam não usá-lo."

"Eu acredito em você", disse o rei.

Então o sufi afirmou:

"Eu sou um mentiroso."

"Eu acredito em você", replicou o rei.

O sufi prosseguiu:

"Eu estava presente quando você nasceu."

"Eu acredito em você", disse o rei.

"E seu pai era um camponês", completou o sufi.

"Isso é mentira!", gritou o rei.

O sufi olhou para o rei com pena e disse:

"Já que você é tão negligente que não consegue, sequer por um minuto, lembrar de dizer 'eu acredito em você' sem que algum preconceito esteja envolvido, nenhum sufi seria capaz de ensiná-lo coisa alguma."

CONVERSÃO

A reputação de Khwadja Ahrar cresceu tanto que muitas pessoas se aglomeravam para se alistar como seus partidários, não importando se ele os queria ou não.

Um dia, ele soube que quatro indivíduos particularmente insolentes estavam a caminho para vê-lo, determinados a serem capazes de dizer que se tornaram seguidores do Senhor dos Livres.

Ele imediatamente investigou sobre o que essas pessoas gostavam e desgostavam. Quando elas chegaram, constataram que ele usava um gorro vermelho, falava sem parar, comia doces e alegava ser incapaz de resistir ao ópio.

Elas passaram menos de meia hora na sua presença e nunca mais falaram sobre ele.

ASTROLOGIA

Certo pensador e mestre respeitado escreveu um livro sobre astrologia. Algumas pessoas disseram que ele só podia ser um mago ou um insano; outras acharam que essa ação mostrava que havia verdade na astrologia.

Finalmente, um dervixe que tinha viajado muitos quilômetros para ver o sábio perguntou-lhe sobre o problema: "Certamente o trabalho astrológico é incompatível com o Caminho dos Sábios e com o Trabalho dos Eleitos, não?"

O sábio respondeu:

"Eu faço absoluta questão de que meus alunos estudem meu livro de astrologia. Dessa forma eles podem compreender que a astrologia não funciona. Quando estão completamente qualificados na arte, eu os faço interpretar horóscopos. Nós os comparamos e sempre encontramos tamanha discrepância nas interpretações, quando corretamente examinadas, que fica evidente que o sistema é útil apenas para fantasias."

O visitante perguntou:

"Você não poderia simplesmente dizer a eles que a astrologia não é uma ciência verdadeira, como outros fazem?"

"Em primeiro lugar", respondeu o sábio, "se a informação tivesse sido eficaz quando dada por outros, quem ainda acreditaria em astrologia? Quando é que a informação se igualou à compreensão? Em segundo lugar, quando se investiga meticulosamente uma surperstição é muito pouco provável que se seja capaz de mantê-la ou de adotar uma outra."

"Então, não é a astrologia em particular que você busca destituir?"

"Não. A astrologia é um dos absurdos mais fáceis de se estudar, porque seus praticantes se deixaram restringir pelas regras."

EU FAREI COM QUE SE LEMBRE

Um dia, Latif, o Ladrão, emboscou o comandante da Guarda Real, capturando-o e levando-o até uma caverna.

"Eu lhe direi algo que, não importa o quanto você tente, será incapaz de esquecer", ele informou ao enfurecido oficial.

Latif fez seu prisioneiro tirar toda a roupa. Depois, ele o amarrou virado de costas em um burro.

"Você pode fazer de mim um idiota", gritou o soldado, "mas nunca me fará pensar em algo se eu quiser afastá-lo da minha mente."

"Você ainda não ouviu a frase que eu quero que se lembre", disse Latif. "Estou liberando você, agora, para que o burro o leve de volta à cidade. E a frase é:

'Eu vou capturar e matar Latif, o Ladrão, mesmo que isso leve o resto da minha vida!'"

A PRÓXIMA GERAÇÃO

Era uma vez um filósofo que insistiu sobre os seus direitos quando a posse de um certo poço foi disputada. Ele foi inflexível quanto a ser o proprietário, também, de um aglomerado de tamareiras. Em um terceiro caso ele se tornou notório por afirmar ser o dono de uma certa casa retangular.

Ele ganhou todos esses casos, mas as pessoas lhe perguntaram: "Como pode um homem desapegado dar tanto valor a coisas efêmeras como essas?"

Ele respondeu:

"A questão enunciada a partir da suspeita e da hostilidade fincou sua resposta na próxima geração."

Ninguém entendeu isso; assim, eles pensaram que o filósofo estava deliberadamente tentando confundi-los.

Na geração seguinte, entretanto, conselheiros trapaceiros, tentando usurpar a propriedade de um devoto menor de idade, disseram-lhe:

"Entregue-nos sua propriedade, pois você é um homem pio; as coisas desse mundo não têm importância."

"Qual é a minha propriedade?", ele lhes perguntou.

"Uma casa comprida, algumas tamareiras e um poço", eles responderam.

"Então eu agirei de acordo com o precedente dos Sábios. Consulte os escritos e os feitos de um reconhecido sábio", ele disse; e deu o nome do filósofo e citou a coletânea onde estavam anotadas as suas ações.

SE ELE PARECE BOM, ELE É BOM

Um homem foi ver o Imam Zaimulabidin e disse:

"Eu o reconheço como meu líder e mestre, e imploro que me permita aprender com você."

O imã perguntou:

"Por que você acredita que eu sou um líder e um mestre?"

O visitante respondeu:

"Eu procurei toda a minha vida e nunca encontrei ninguém com tal reputação de bondade e cordialidade, e de aparência tão agradável."

O imã chorou e disse:

"Caro amigo, que coisa frágil é o homem, e que perigo! A reputação e as ações que você atribui a mim são compartilhadas por algumas das piores pessoas deste mundo. Se todos os homens julgassem apenas pela aparência, todo demônio seria tomado por santo, e todo homem superior poderia representar um inimigo da humanidade."

GOVERNANTE E GOVERNADO

Perguntaram a um dervixe:

"O que é melhor, ser um governante ou ser governado?"

Ele respondeu:

"Ser governado. O indivíduo que é governado está constantemente sendo informado pelo governante de que está errado, estando ele ou não. Isso lhe dá a chance de se aperfeiçoar examinando a si mesmo, pois às vezes ele está, de fato, errado.

O administrador, no entanto, quase sempre pensa que está certo e que seus regulamentos estão corretos; portanto, ele tem poucas oportunidades de examinar seu comportamento.

É por isso que governados, em algum momento, tornam-se governantes, e governantes descem ao nível dos governados."

Perguntaram-lhe:

"Então, qual o propósito da promoção do governado e do rebaixamento do governante acontecendo repetidas vezes?"

Ele respondeu:

"Que os governantes possam aprender o que governar implica realmente; e os governados possam aprender quão bons, ou quão maus eles realmente são."

"Mas", argumentou o questionador, "como o homem pode ter uma chance de se beneficiar com isso, se leva gerações para que o governante se torne o governado e o governado, o governante?"

"Não leva gerações. Isso acontece muitas vezes na vida de cada homem e de cada mulher. O desenvolvimento que você vê ao longo das gerações é, simplesmente, uma ilustração disso."

HARIRI, O HOMEM BOM

Hariri sempre tentava se comportar da maneira mais exemplar possível. Ele adquiriu tal reputação por sua conduta correta, que um certo mercador, que tinha de partir em viagem, escolheu-o como a pessoa óbvia a quem confiar o bem-estar da sua bela escrava.

Mas Hariri desenvolveu uma paixão pela menina. Ele foi até Haddad, seu preceptor sufi, e pediu-lhe um conselho. Haddad disse:

"Vá ver Yusuf, filho de Hussein."

Quando Hariri se aproximou do lugar onde Yusuf se encontrava, as pessoas disseram:

"Não chegue perto do filho de Hussein, homem devoto, pois ele tem uma péssima reputação, é um pervertido e bebe vinho."

Sem acreditar nisso, Hariri chegou à porta de Yusuf, onde viu, como previsto, Yusuf sentado com um jovem e uma garrafa de vinho.

Hariri imediatamente perguntou a Yusuf:

"O que significa esse comportamento?"

Yusuf, lendo seu pensamento, respondeu:

"Eu me comporto assim na aparência, pois isso impede que as pessoas confiem suas belas escravas aos meus cuidados."

CHAMALOTE

Um homem muito franco e extremamente inteligente, usando o nome dervixe Fakir Khamlet, chegou a Samarcanda. Khamlet significa, em nosso idioma, o tipo de roupa de lã conhecida antigamente como chamalote.

Como era costume, ele falou ao público no mercado de sexta-feira sobre os mais variados assuntos. Rapidamente, ele adquiriu a reputação de ser um homem culto e muitos dos eruditos, já há bastante tempo estabelecidos na cidade, foram visitá-lo no humilde caravançarai onde vivia.

Um deles disse: "Gostaríamos de saber a que escola de pensamento você pertence e o nome do seu mestre."

Ele respondeu: "Pertenço à escola Asmania e meu mestre é ninguém menos do que Faqih Kawkab, filho de al-Utarid, dos Falak, o Nobre Elevado."

Os eruditos nunca tinham ouvido falar desse homem célebre, mas puderam discernir pelo nome que se tratava de um advogado, provavelmente um jurista, e, certamente, foi enobrecido.

Eles disseram: "Embora a reputação do Advogado Kawkab não seja inteiramente desconhecida neste lugar remoto, seus livros e discípulos ainda não nos alcançaram em grande número. Assim, nós aplaudimos sua devoção ao seu nome e sua modéstia em reconhecer seu mestre, não tendo vindo até aqui fingindo ser dono das suas ideias."

Assim, Fakir Khamlet foi aceito nessa casta intelectual.

Alguns anos mais tarde, contudo, um viajante, vindo do Iêmem, chegou a Samarcanda anunciando: "Procuro por Faqih

Kawkab, filho de al-Utarid, dos Falak. Alguém o viu em Samarcanda? Ele é o maior entre nossos mestres, e chama a si mesmo, às vezes, de Khamlet, e vem de um lugar denominado Asman."

RESPEITO

Al-Amudi permitia que o menino ajudante de cozinha recebesse os convidados. As jarras de água estavam sempre vazias. Quando visitantes ilustres chegavam na casa, o sábio raramente conversava com eles sobre qualquer assunto sério, a princípio. Uma vez, ele borrifou água barrenta em todos os mantos que um grupo de clérigos proeminentes vestia.

Alguns mostravam apreço por essa conduta, e Al-Amudi costumava mandar essas pessoas embora o mais rápido possível.

Outros exclamavam:

"Nunca fomos tratados com tanto desrespeito!"

Al-Amudi costumava dizer para essas pessoas:

"Vocês não me informaram que vieram até aqui em busca de respeito. Nunca ofereci isso, já que tenho andado extremamente ocupado oferecendo conhecimento. Respeito, vocês terão de aprender, é oferecido por qualquer lojista e por todos aqueles que têm expectativas em relação a vocês."

A LENDA DOS TRÊS HOMENS

Era uma vez três homens que empreenderam juntos uma viagem.

Na beira da estrada, eles encontraram uma pequena moeda. Como não tinham nenhum dinheiro, cada um começou a discutir com os outros sobre o que comprar com ela.

O primeiro homem disse: "Quero comer alguma coisa doce."

"Não", retrucou o segundo, "eu quero comer muitas coisas doces."

"Não", disse o terceiro, "eu quero algo que mate a minha sede."

Um sábio que passava por ali parou e eles lhe pediram para arbitrar:

"Escolha qual de nós deve ter seu desejo satisfeito."

"Farei melhor do que isso", respondeu o sábio, "pois posso me encarregar de satisfazer todos vocês."

Ele foi até um mercadinho ali perto e comprou, com o dinheiro, um cacho de uvas, que dividiu entre eles.

"Mas isso é alguma coisa doce para comer", disse o primeiro homem.

"Mas isso são muitas coisas doces para comer", observou o segundo.

"Mas isso é algo para matar a sede", comentou o terceiro.

MISTÉRIO

Talib disse:

"Pessoas que não sabem nada ou sabem muito pouco e que deveriam estar estudando em vez de ensinando adoram criar um ar de mistério. Elas podem fomentar rumores sobre si mesmas e fingir que fazem as coisas por alguma razão secreta. Elas sempre lutam para aumentar a sensação de mistério.

Mas esse é o mistério pelo mistério, não o mistério como a manifestação externa do conhecimento interior.

As pessoas que realmente conhecem os segredos interiores aparentam, geralmente, ser pessoas comuns e se comportam como tal.

Portanto, aqueles que incrementam o ar de mistério são como a teia de aranha: só capturam moscas. Você é, como a mosca, jantar de aranha?

MERCADOR DE SEGREDOS

Um mestre místico, assim que obteve o conhecimento secreto da Verdade Interior, que poucas pessoas encontram, assentou-se em Basra.

Lá ele iniciou um negócio que, ao longo dos anos, prosperou.

Um dia, um dervixe que o conheceu nos velhos tempos e, além disso, estava no caminho dos Buscadores, foi até ele e comentou:

"Que triste ver que você abandonou a Busca e o Caminho Místico."

O mercador sábio sorriu, mas não comentou nada sobre o assunto.

O dervixe continuou seu caminho. Depois desse episódio ele começou a falar sempre em suas palestras sobre o outrora sufi que havia se estabelecido no objetivo menor do comércio, faltando-lhe, ao que parece, a determinação necessária para completar a jornada.

Mas este errante finalmente topou com Khidr, o Guia secreto, e implorou a ele que o dirigisse ao Sábio da Época, de quem ele poderia obter a iluminação.

Khidr respondeu:

"Vá e se sente aos pés do mercador tal, executando qualquer tarefa doméstica que ele precisar."

O dervixe ficou impressionado. "Mas como ele pode ser um dos Eleitos, ainda mais o Grande Mestre da Era?", ele balbuciou.

"Porque", respondeu Khidr, "quando ele alcançou a iluminação ele também obteve o conhecimento objetivo do mundo. Ele viu claramente, pela primeira vez, que um comportamento santo atrai o ganancioso que se faz de espiritual, e repele o sincero que não gosta de exterioridades. Eu mostrei a ele como mestres religiosos podem ser sufocados por seus seguidores. Portanto, ele ensina em segredo, e aparenta ser, para o superficial, um mero mercador."

PROJEÇÃO DISTANTE

Conta-se que, certa vez, um mercador empreendeu uma viagem de seis meses, vindo da África, para estudar com Jalaludin Rumi.

Ele ocupou um quarto no *serai*, em Konia, enviou seu servo para anunciar sua chegada e esperou pela convocação do Maulana.

No entanto, antes que o servo chegasse à casa de Rumi, um dervixe que servia na cozinha do *serai* perguntou ao mercador:

"Por que você está aqui?"

"Estou aqui", respondeu o mercador, "para vislumbrar o semblante abençoado do nosso Mestre, Jalaludin de Balkh."

"E quanto lhe custou percorrer essa longa distância, amigo?"

"Mais de mil moedas de ouro."

"Que admirável", comentou o dervixe, "pois ontem à noite na reunião do Maulana eu ouvi ele dizer algo que poderia se aplicar a você."

O mercador ficou agitado e pediu:

"Por favor, conte-me tudo, sem omitir nenhum detalhe."

"O que ele disse", o dervixe relatou, "foi o seguinte: 'Ah se eu tivesse mil peças de ouro — que algumas pessoas jogam fora pela vaidade de uma viagem — para dar aos necessitados, eu seria capaz de fazer o esforço de enviar uma projeção mística a um certo mercador da África que necessita dela. Mas estou completamente ocupado com afazeres relacionados ao bem-estar dos necessitados. Mesmo que esse mercador viesse aqui, ele seria incapaz de receber a *baraka* (santidade). Mas, se ele viesse, sem dúvida ficaria satisfeito com a autoestima, o orgulho da viagem e os sacrifícios, e pensaria que isso é progresso espiritual."

IMAM BAQIR

Diz-se que o Imam Muhammed Baqir relatou a fábula ilustrativa a seguir.

"Acreditando poder falar a língua das formigas, aproximei-me de uma delas e perguntei: 'Como é Deus? Ele se parece com uma formiga?'

Ela respondeu: 'Deus? Não! Nós temos apenas um ferrão, mas Deus tem *dois*!'"

AJNABI

O mestre sufi Ajnabi ordenou:

"Escreva para o Mulá Firoz e diga-lhe que eu não tenho tempo de me corresponder com ele e, portanto, não tenho nada a dizer sobre sua carta."

O discípulo Amini perguntou:

"Você tem a intenção de aborrecê-lo com essa carta?"

Ajnabi respondeu:

"Ele se aborreceu com alguns escritos meus. Esse aborrecimento fez com que ele me escrevesse. Meu propósito ao escrever a passagem que o irritou era irritá-lo."

Amini perguntou:

"E essa carta vai irritá-lo ainda mais?"

Ajnabi respondeu:

"Sim. Quando ficou furioso com o que eu escrevi, ele não observou sua própria raiva, que era minha intenção. Ele achou que estava me observando, ao passo que estava apenas sentindo raiva. Agora eu escrevo novamente para provocar raiva, para que ele veja que está com raiva. O objetivo é que o homem se dê conta de que meu trabalho é um espelho no qual ele vê a si mesmo."

Amini disse:

"As pessoas do mundo sempre consideram aqueles que provocam raiva como mal-intencionados."

Ajnabi explicou:

"A criança pode considerar o adulto que tenta tirar um espinho da sua mão como mal-intencionado. Essa é uma justificativa para se tentar impedir que a criança cresça?"

Amini replicou:

"E se a criança guardar rancor do adulto que arrancou o espinho?"

Ajnabi respondeu:

"A criança não guarda esse rancor de fato, porque algo nela sabe a verdade."

Amini perguntou:

"Mas o que acontece se ela nunca chegar a conhecer a si mesma, e, assim, continuar pensando que os outros são motivados por sentimentos pessoais?"

Ajnabi respondeu:

"Se ela nunca chegar a conhecer a si mesma, não faz a menor diferença o que pensa dos outros, porque nunca poderá fazer qualquer avaliação de como os outros realmente são."

Amini perguntou:

"Em vez de provocar raiva pela segunda vez, não seria possível explicar que a carta original foi redigida com este propósito e convidar o mulá a rever seus sentimentos anteriores?"

Ajnabi explicou:

"É possível fazer isso, sim, mas não terá nenhum efeito. Antes, terá um efeito adverso. Se você contar ao homem seu motivo, ele pensará que você está se desculpando, e isso provocará nele sentimentos que são prejudiciais apenas para ele. Assim, ao explicar, você estará agindo em detrimento dele."

Amini perguntou:

"Não há exceções a essa regra de que o homem deve aprender por meio da consciência do seu estado, e de que seu estado não lhe pode ser explicado?"

Ajnabi respondeu:

"Há exceções. Mas se houvesse exceções suficientes que fizessem alguma diferença para o mundo, não restaria, nesse momento, nenhum Mulá Firoz."

RAHIMI

Em um debate privado, o erudito Salih Awami disse ao sufi Rahimi:

"Faltam referências e provas, por meio de citações das autoridades ancestrais, do que você acabou de dizer."

"De modo algum", respondeu Rahimi, "pois as tenho todas aqui, capítulos e versos."

O erudito foi embora dizendo: "Isso é o que eu queria saber."

No dia seguinte, ele deu seu famoso sermão sobre Rahimi, que começava assim:

"A palestra do Shaykh Rahimi, que vocês assistirão agora, carece de convicção. Ele está tão inseguro que aduziu provas escritas e autoridades ao que ele diz."

LEITURA

Perguntaram ao Nawab Jan Fishan Khan:

"Por que o mestre de Rumi não permitiu que ele estudasse a obra do seu próprio pai? Certamente, apenas coisas boas podem resultar do estudo de algo bom."

Jan Fishan respondeu:

"Foram duas as razões. Uma é que para cada indivíduo há uma interpretação. Se ele estiver propenso a fazer suas próprias interpretações, pode seguir a trilha errada. Por exemplo, se você der um livro de direito para uma criança, ela vai interpretar de modo incorreto as partes da lei que lidam com temas que ela ainda não vivenciou.

A segunda razão é que os livros que se referem a um aprendizado superior são escritos com o propósito de corresponder às necessidades da época, do lugar e das pessoas pelas quais eles devem ser lidos. Se, por exemplo, você ler livros chineses sobre tingimento, é possível que se torne um tintureiro no estilo chinês, mesmo que não haja nenhuma demanda pelo tipo de tingimento feito na China. Da mesma forma, se as pessoas de um determinado lugar alcançaram um estágio para além daquele que está, em parte, representado nos livros mais antigos, fazê-las se concentrar nesses textos irá detê-las.

Você deveria se familiarizar inteiramente com as obras recomendadas. Seu significado, no entanto, requer um guia."

HAJI BEKTASH WALI

Respondendo à pergunta: "Por que todos os Caminhos diferem?", Bektash disse:

"Atirar uma flecha em um alvo. Para fazer isso você precisa ter uma flecha, um alvo e alguém para atirar. Esses são os elementos que compõem a ação. Eles designam uma escola.

Mas se o objetivo é atingir um objeto com outro, há mil maneiras de se fazer isso. Só uma pessoa superficial pensará que tiro-ao-alvo com flecha é a única maneira de acertar uma coisa com outra. Esse é o Caminho Interior."

Ele continuou: "Tudo o que você tem de fazer é se dar conta disso."

"Mas", insistiu o questionador, "como vamos saber qual é a nossa maneira?"

"As pessoas que julgam que vocês saberão qual o método mais adequado para vocês são aquelas que pensam que o que vocês gostam é o que vocês precisam. O homem provavelmente não sabe qual é a sua maneira. Ele precisa de alguém que prepare as circunstâncias, como, por exemplo, na analogia da flecha e do alvo, encontrar duas superfícies e alinhá-las de modo que elas 'colidam'."

O LIVRO DO ABSURDO

Um dia, Shaykh Abu-Ali, do Iêmem, mencionou o fato de que livros sem sentido são atraentes justamente porque são absurdos. "Há muitos livros assim", ele comentou.

Um estudante perguntou a si mesmo se seria possível fazer uma demonstração desse efeito. Embora ele não tenha dito uma palavra, o *shaykh*, lendo seu pensamento, escreveu um "livro misterioso de símbolos", que ele mostrou ao jovem e depois enviou para a China.

Três anos mais tarde, começaram a aparecer indianos com o "Antigo Livro da Verdade Chinês", alegando que ele havia operado milagres e responderia às suas perguntas. Abu-Ali jamais argumentou com eles sobre o livro maravilhoso.

Um dia, um dos discípulos se perguntou que outro efeito teria esse livro, além de servir como demonstração para o círculo próximo de Abu-Ali.

Mais uma vez, o *shaykh*, respondeu aos pensamentos não enunciados:

"O 'Antigo Livro da Verdade Chinês' dá, a todos aqueles que são confrontados com ele, uma chance de exercitar um discernimento interior. Eles têm a oportunidade, por meio da confrontação, de avaliar internamente se trata-se de um brinquedo ou não.

Seu grande valor para Buscadores verdadeiros é dar a eles a chance de observar que as pessoas interessadas nesse livro são aquelas que podemos evitar, pois irão interpretar mal nosso trabalho e nos farão perder tempo."

SHAKIR AMALI

As pessoas buscam mestres e ensinamentos para encontrar algo que elas ainda não conhecem. No entanto, mestres e ensinamentos existem, na realidade, para ajudar as pessoas a aplicar e praticar tais ensinamentos, não para divertir ou propiciar experiências que devem ser novas.

Como o homem, em geral, não sabe disso, não é de se surpreender que ele não saiba o que encontrou e tente achar o que não tem utilidade para ele.

É possível, também, que coisas que pareçam "novas" para as pessoas sejam as últimas coisas de que elas precisam para o propósito de se aperfeiçoar.

Você reconhecerá o buscador de sensações porque ele é atraído pelo novo ou pelo misterioso. Você reconhecerá o verdadeiro estudante porque ele busca o que há para ser encontrado, seja lá o que for.

COMO E O QUE ENTENDER

O intercâmbio a seguir, entre o místico sufi Simab e um aristocrata chamado Mulakab, está preservado na tradição oral em forma de diálogo, frequentemente encenado por dervixes errantes.

Mulakab: "Diga alguma coisa sobre a sua filosofia para que eu possa entender."

Simab: "Você não pode entender a menos que tenha experimentado."

Mulakab: "Eu não tenho de entender um bolo para saber se é ruim."

Simab: "Se você está olhando para um bom peixe e pensando que é um bolo ruim, você precisa, mais do que qualquer outra coisa, entender menos e entendê-lo melhor."

Mulakab: "Então por que você não dispensa os livros e as conferências, se a necessidade é a experiência?"

Simab: "Porque 'o exterior é o condutor para o interior'. Os livros, assim como as palestras, ensinarão algo sobre os aspectos externos do interior. Sem eles vocês não farão nenhum progresso."

Mulakab: "Mas por que não seríamos capazes de progredir sem os livros?"

Simab: "Pela mesma razão que não conseguem pensar sem palavras. Vocês foram criados com livros, sua mente é alterada de tal forma por livros e palestras, pela escuta e pela fala, que o interior só pode falar com vocês através do exterior, seja lá o que for que vocês julgam poder perceber."

Malakab: "Isso se aplica a todo mundo?"

Simab: "Isso se aplica a quem isso se aplica; principalmente àqueles que pensam que não se aplica a eles."

DESLOCAMENTO

Perguntaram a um *shaykh* sufi por que ele não aceitava liderar um grupo de discípulos que queria transferir, para ele, sua obediência a um outro mestre.

Ele respondeu: "É como a condição de uma planta ou qualquer outra coisa em desenvolvimento. Colocar-se como líder de algo que está morrendo é compartilhar da qualidade de morte dessa coisa. Partes individuais podem continuar a florescer, especialmente se reforçadas por alguma coisa com uma verdade maior. Mas a planta em si, quando tem dentro dela o poder da morte, transferirá essa tendência de morte para qualquer coisa que se conecte com ela na sua totalidade."

Alguém lhe perguntou: "Mas o que dizer da situação — em exemplos históricos — em que reformadores e outros assumiram, de fato, a liderança de uma atividade e ela prosseguiu com mais vigor ainda?"

Ele respondeu: "Não se tratava de escolas de ensino, mas de atividades mundanas, consideradas, por observadores de fora e superficialistas, entidades verdadeiras."

REPARTINDO OS CAMELOS

Era uma vez um sufi que queria se certificar de que, após a sua morte, seus discípulos encontrariam o mestre correto do Caminho.

Assim, depois dos legados compulsórios estipulados pela lei, ele deixou dezessete camelos para seus discípulos, com essa instrução:

"Vocês dividirão os camelos entre vocês três na seguinte proporção: o mais velho deve ficar com metade, o do meio com um terço e o mais novo ficará com um nono.

Assim que ele morreu e o testamento foi aberto, os discípulos, a princípio, ficaram impressionados com a ineficiência da distribuição dos bens do Mestre. Um deles disse: "Vamos ficar com os camelos de forma coletiva"; outro buscou conselhos: "Disseram-nos para fazer a divisão mais próxima." Um juiz disse ao outro para vender os camelos e repartir o dinheiro. Algumas pessoas alegaram que o testamento não tinha validade legal porque suas cláusulas não podiam ser cumpridas.

Então, eles começaram a suspeitar que poderia haver alguma sabedoria oculta no legado do Mestre. Assim, eles foram investigar quem seria capaz de solucionar problemas insolúveis.

Todos que tentaram falharam; até que bateram à porta do genro do Profeta, Hazrat Ali. Ele lhes disse:

"Eis a solução: eu vou adicionar um camelo. Dos dezoito camelos vocês darão metade — nove — ao discípulo mais velho. O segundo deve ficar com um terço do total, que são seis camelos. O último discípulo deve ficar com um nono, ou seja, dois camelos. A soma é dezessete. Um —meu camelo — sobra e é devolvido para mim."

Foi assim que os discípulos encontraram o mestre para eles.

REVOLTANTE

"Qual é o seu ponto de vista sobre o conhecimento interior?", perguntou o gentil dervixe Abduh ao teólogo tradicionalista Abdurrashid, de Adana.

"Não tenho paciência com isso."

"E o que mais?"

"Fico enojado!"

"E o que mais?"

"A ideia é revoltante!"

"Que interessante", disse Adduh, "que uma mente tão lógica e treinada como a sua, quando interrogada sobre um ponto de vista em um assunto, consiga apenas descrever três disposições pessoais."

LEIS

Certa noite, o califa Harun al-Rashid estava sentado, disfarçado, na companhia de dervixes.

Um dos presentes falou:

“As regras só podem funcionar bem com pessoas para as quais elas foram explicitamente elaboradas.”

Harun, que estava vestido como um mercador visitante, contestou:

“Certamente, essa doutrina é perigosa, pois significaria, acreditando-se nela, que as pessoas poderiam negar que as leis se aplicam a elas.”

Um sufi ancião, que estava presente, disse:

“Uma tal falta de compreensão é, na realidade, rara. Se, em uma das suas visitas noturnas secretas a várias partes da cidade, o califa tomasse conhecimento da crença na limitação das leis, ele poderia, de fato, ser superficial o bastante para nos intimar a comparecer na corte na manhã seguinte. Caso contrário, essa doutrina não é nociva.”

EXEMPLO

Era uma vez um dervixe cuja boa reputação — devido às suas conquistas espirituais e mundanas — aumentava com o passar dos anos.

Um dia, ele resolveu se casar. Para surpresa de todos que o conheciam, ele escolheu a mulher mais mal-humorada de toda a região.

Pouco tempo depois do seu casamento, um *baba* andarilho o visitou e, não conseguindo conter sua curiosidade ao ver esse santo homem sendo constantemente interrompido e criticado por uma mulher grosseira, pediu ao anfitrião que explicasse suas razões.

O dervixe disse:

"Irmão, quando se penetra para além do óbvio, muitas coisas se tornam claras. As arengas da minha mulher, convém salientar, impedem-me de ser arrogante demais. Sem ela, minha posição como sábio poderia me subir à cabeça. Além disso, há sempre a possibilidade de que ela perceba, ao contrastar sua conduta com a minha, que pode modificar sua rudeza e assegurar sua própria bem-aventurança celestial."

"Sem dúvida", disse o *baba* para si mesmo, "a imitação do sábio é algo que se deve praticar." Ele ficou profundamente tocado pela explicação, e assim que voltou para casa, casou-se com a mulher mais infame que encontrou.

Ela o insultava na frente de amigos, parentes e discípulos. E a brandura do *baba* apenas aumentava seu escárnio e desprezo.

Passados alguns meses, a mulher enlouqueceu. Ela estava tão habituada a intimidar as pessoas sem provocar nenhuma reação, que, um dia, começou uma discussão com uma mulher ainda mais cruel do que ela, e a mulher a matou.

O *baba* viúvo voltou à vida errante, e, finalmente, viu-se, mais uma vez, na casa do dervixe, a quem contou sua história.

O dervixe disse:

"Se você tivesse me perguntado, em vez de praticar um princípio compreendido apenas parcialmente, eu lhe teria dito que não se tratava de uma regra geral, e também lhe diria como colocá-lo em operação no seu caso específico. Ao tentar fazer o bem para si mesmo, você fez mal a outros."

O MILAGRE

Segundo o *Durud-i-Qasimi*, o Imam Ali consentiu que um estrangeiro bárbaro fosse trazido à sua presença, apesar da tensão daqueles ao seu redor. Menos de quinze minutos se passaram antes que o imã dissesse aos seus companheiros:

"Esse homem se tornará um santo quando deixar esta casa, e seus poderes dificilmente serão superados."

Como o Hadrat Ali não fez nada além de erguer sua mão direita sobre a cabeça do recém-chegado, os discípulos se perguntaram por que eles não podiam receber uma benção semelhante, de modo que seriam, da mesma maneira, transformados instantaneamente.

Ali respondeu:

"Este homem tinha humildade. Consequentemente, eu fui capaz de lhe transmitir *baraka*. A falha em praticar a humildade tornou difícil influenciá-los, pois vocês são sua própria barreira. Se querem provas dessa arrogância, aqui estão: o homem humilde supõe que não pode aprender sem um grande esforço e um longo tempo. Consequentemente, ele aprenderá facil e rapidamente. O arrogante pensa que está pronto e se inquieta pela *baraka*, recusando-se até mesmo a admitir a ideia de que é indigno. Ser indigno é uma coisa, não se dar conta de que isso é possível, é outra, e pior. Mas pior ainda é pensar que se é humilde ou tentar ser sincero quando não se é. E pior do que tudo é não pensar nada até que a pessoa vê alguém — como o estrangeiro bárbaro — a quem ela se sente tão superior que suas ações ficam descontroladas."

TODO LUXO

Era uma vez um sufi que era, também, um homem de negócios talentoso, e havia acumulado uma grande fortuna.

Um homem que foi visitá-lo ficou horrorizado com a sua riqueza evidente, e comentou:

"Acabei de estar com o sufi fulano de tal. Vocês sabiam que ele estava rodeado por todo tipo de luxo?"

Quando isso foi relatado ao sufi, ele disse:

"Eu sabia que estava rodeado por quase todo tipo de luxo, mas não por todos. Agora eu sei que no dia que esse homem veio aqui, minha coleção de luxos ficou completa."

Alguém perguntou qual foi o luxo final.

"O luxo final é ter alguém que o inveja."

INADEQUADO

Um rei que havia acumulado grande riqueza e muitos domínios resolveu que deveria se tornar um dervixe. Ele disse:

"As pessoas respeitam, universalmente, essa gente sufi e não é conveniente que eu, o rei, não participe dos méritos que os distinguem."

Assim, ele chamou um sábio e venerável dervixe, e pediu para se alistar no Caminho da Sabedoria.

O dervixe respondeu:

"Com todo respeito e pesar, Sua Majestade nunca passará no teste."

O rei disse:

"Teste-me, pois é possível que eu passe; afinal, eu obtive sucesso em tudo em que me empenhei, até agora, na minha vida."

O dervixe respondeu:

"Majestade, não seria apropriado para mim aplicar um teste que eu sei que irá falhar, pois é um esforço desperdiçado e um absurdo. No entanto, se concordar que o exame seja realizado em um *durbar* aberto, então eu posso fazê-lo, já que seu fracasso poderá instruir as pessoas presentes sobre os problemas do Caminho Dervixe."

Então, o rei concordou e a corte foi convocada.

"Que o teste comece", ordenou o rei.

"Muito bem", disse o dervixe. "Eu quero que responda: 'Sim, eu acredito em você!' a cada afirmação que eu fizer."

"Parece bem fácil", comentou o rei. "Prossiga."

O dervixe então declarou:

"Mil anos atrás eu subi aos céus."

"Sim, eu acredito em você", disse o rei.

"E com o passar das gerações eu não envelheci como as outras pessoas", falou o dervixe.

"Sim, eu acredito em você", repetiu o rei.

"Eu viajei para lugares onde a chuva caía para cima e o sol era frio e o povo era menor do que os insetos", contou o dervixe.

"Sim, eu acredito em você", disse o rei.

"E", continuou o dervixe, "eu consegui ensinar pessoas que não queriam ser ensinadas, e não consegui ensinar indivíduos que queriam ser ensinados, e quando eu mentia as pessoas achavam que eu estava dizendo a verdade, e quando eu dizia apenas a verdade elas achavam que eu estava mentindo."

"Sim, eu acredito em você", repetiu o rei.

"Em uma das minhas viagens eu me deparei com seus ancestrais e eles eram mentirosos, impostores e estavam pagando uma pena terrível por seus crimes", disse o dervixe.

"Isso é mentira!", gritou o rei. "Não acredito em uma palavra do que disse!"

SAYED SULTAN

O Sayed Sultan declarou:

"Se você reza e sente satisfação por ter rezado, sua ação o tornou pior. Nessas circunstâncias, pare de rezar até ter aprendido a ser realmente humilde."

TRÊS HOMENS DO TURQUESTÃO

Três homens do Turquestão eram seguidores de um homem arrogante e ignorante que sabia umas poucas palavras em persa. Eles se denominavam seus discípulos; e ele lhes ensinou três coisas em persa. Cada um memorizou uma: "nós", "não estávamos" e "felizes".

Ao receber esse conhecimento, nada poderia impedi-los de partir em viagem para visitar um determinado santuário, repositório de toda a sabedoria.

No entanto, assim que entraram em Khorassan, eles viram um homem morto estirado no chão. Eles desceram do cavalo para olhar essa estranha aparição, e ao fazer isso, alguns habitantes se aproximaram e perguntaram:

"Quem matou este homem?"

"Nós", respondeu o primeiro discípulo, usando a única palavra que ele sabia em persa.

Eles foram presos e levados ao tribunal. O juiz perguntou:

"Por que estavam parados em volta do corpo?"

"Não estávamos."

"Isso é mentira", disse o juiz. Então ele perguntou:

"Como vocês se sentem matando um homem?"

"Felizes", respondeu o terceiro discípulo.

"Esses indivíduos devem ser monstros!", gritaram as pessoas.

O juiz perguntou:

"Qual foi o motivo do crime?"

Usando todo o seu persa, os três gritaram:

"Nós não estávamos felizes!"

"Eles são, sem dúvida, assassinos incorrigíveis", concluiu o juiz enquanto os sentenciava à forca.

SENSAÇÃO

Perguntaram a Uwais:

"Como você se sente?"

Ele respondeu:

"Como alguém que acordou pela manhã e não sabe se estará morto ao anoitecer."

O outro homem replicou:

"Mas essa é a situação de todos os homens."

Uwais respondeu:

"Sim. Mas quantos entre eles *sentem* isso?"

A JOIA PRECIOSA

De acordo com Daudzadah, toda a sabedoria está contida nos diversos níveis de interpretação desta história tradicional:

"Era uma vez, em um remoto reino de perfeição, um monarca justo que tinha uma esposa e um casal de filhos maravilhosos. Todos viviam juntos e felizes.

Um dia o pai chamou os filhos e disse:

"Chegou a hora, como chega para todos. Vocês descerão até uma outra terra, percorrendo uma distância infinita. Deverão procurar, encontrar e trazer de volta uma Joia preciosa."

Os viajantes foram conduzidos disfarçados até uma terra estranha, onde quase todos os habitantes viviam uma existência sombria. A impressão causada por esse lugar foi tamanha que os dois perderam contato um com o outro, vagando como se estivessem dormindo.

De vez em quando eles viam espectros, imagens de seu país e da Joia, mas sua condição era tal, que essas coisas apenas aumentavam a intensidade dos seus devaneios, que eles agora começavam a tomar como realidade.

Quando as notícias sobre a condição dos seus filhos chegou até o rei, ele enviou uma mensagem por um empregado de confiança, um homem sábio:

"Lembrem-se da sua missão, despertem do seu sonho e fiquem juntos."

Com essa mensagem eles se ergueram, e com a ajuda do seu guia libertador enfrentaram os perigos terríveis que cercavam a Joia. Com a ajuda mágica da Joia, eles retornaram ao seu reino de luz, ali permanecendo para sempre e cada vez mais felizes.

O PREÇO DE UM SÍMBOLO

Quando fizeram a seguinte pergunta ao Sayed Ghaus Ali Shah: "Por que você cobra tão caro por suas lições?", ele respondeu: "Por que não cobraria?"

Seu questionador continuou:

"Certamente não lhe custou tanto assim obter seu conhecimento, ou viver enquanto o transmite."

"Pelo contrário", disse o sufi, "custou-me tanto que, para mim, o dinheiro não é um equivalente, é apenas um símbolo; mas, para você, ele tem uma realidade proporcional."

A RODA D'ÁGUA

Conta-se que um homem foi até o Hakim Omar Khayyam e disse:

"Meu maior desejo é que você me aceite no seu ensinamento e fortaleça em mim as verdades que aprendi com meus mestres anteriores, e que, sem dúvida, conduziram-me até você."

O Hakim levou esse homem a um lugar onde havia uma roda d'água. Ele acoplou um pedaço de madeira à roda e ela parou de girar. Então ele disse:

"Esse pedaço de madeira representa seus antigos mestres. Ele pode ser introduzido em uma roda d'água para detê-la temporariamente — por exemplo, quando é preciso fazer algum reparo.

Para a roda, o golpe seco — quando o calço fez efeito — pode ter sido uma experiência memorável. É possível que ela desenvolva um gosto pelo estado de imobilidade, com a água passando por ela, em lugar do seu próprio movimento.

A roda, consciente de que a reverberação da madeira parou, talvez busque uma experiência semelhante. Mas podemos aceitar que o que a roda precisa é receber um outro bloco de madeira?

Somente o observador, caro companheiro, pode ver o todo de uma cena. A cena, em si, pode imaginar qualquer coisa. Imaginação não é visão."

RAUF MAZARI

Poucas pessoas que observavam Rauf compreendiam por que algumas vezes ele parecia estar cheio de confiança e, outras vezes, inseguro.

Então alguém reparou que quanto menor era a capacidade ou sinceridade da pessoa que o estava visitando, menos confiante era a sua maneira de agir e falar.

Mazari comentou a esse respeito:

"Eu fico tão profundamente perturbado com o estado interior das pessoas ansiosas, que reflito o seu estado."

Os indolentes costumavam supor que Rauf tinha um temperamento nervoso. Eles ficaram muito confusos quando descobriram que as faculdades internas de Mazari eram consideradas, pelos maiores sufis da era, como das mais elevadas.

O SIGNIFICADO DE UMA LENDA

O Sayed Imam Ali Shah chama a atenção para uma antiga lenda que usa as pirâmides do Egito como arcabouço, e depois explica de que maneira as histórias foram projetadas com o propósito de ensinar.

A história conta que certo faraó, durante a sua vida, mandou construir uma câmara secreta dentro da sua pirâmide-tumba, para que assim todos os seus tesouros pudessem acompanhá-lo no outro mundo.

O construtor, no entanto, informou seus dois filhos: "Eu morrerei pobre, mas vocês serão capazes de entrar no tesouro através dessa passagem secreta cujo mapa eu lhes deixo como herança, pois o rei é um usurpador e acumulou ouro de pessoas pobres como nós."

Entretanto, quando os filhos já haviam levado um tanto do ouro, um deles foi capturado por uma armadilha escondida. Ele persuadiu o irmão a cortar sua cabeça, para que assim a família não fosse presa e pudesse continuar a entrar na câmara. Depois de um tempo de discussão, o irmão fez o que o outro pediu, e conseguiu escapar.

O rei ficou surpreso ao encontrar o corpo sem cabeça. Ele deu ordens para que o corpo fosse amarrado em um muro e vigiado. Os parentes, ele raciocinou, iriam querer o corpo de volta e se tentassem recuperá-lo, ele os capturaria.

Mas o irmão sobrevivente era astuto. Ele encheu alguns odres com vinho e os carregou em um burro; depois fez com que o vinho fosse derramado na estrada, próximo aos guardas que vigiavam. Os guardas recolheram o vinho e o beberam. Quando estavam bêbados, o irmão levou o corpo para ser enterrado.

O Sayed afirma que essa história ilustra o paralelo que existe entre os acontecimentos e o funcionamento da mente. O tesouro significa o conhecimento humano acumulado; o faraó é a tendência delinquente da mente de impedir que a pessoa aprenda algo que é para o seu benefício. O pai é o homem que sabe como obter conhecimento, e os dois filhos são dois estados da mente humana. O primeiro irmão representa a função imprudente, porém imaginativa; o outro irmão significa a sobrevivência, o princípio ativo, que tem tanta criatividade quanto o primeiro.

"Dessa forma, tanto quanto de qualquer outra", continua o Imam Ali Shah, "o serviço à humanidade prossegue. Repare bem que a operação do ensinamento acontece de uma maneira extraordinária.

Não é preciso que essa história seja falsa para que seja significativa como ilustração didática."

ARDABILI

Quando perguntaram a Ardabili por que ele nunca agradecia a ninguém por fazer alguma coisa, ele respondeu:

"Talvez você não seja capaz de acreditar no que vou dizer, mas se eu lhes agradecer, eles ficarão contentes, e isso é a mesma coisa que terem sido pagos ou recompensados por seu incômodo. Se não receberem o agradecimento, resta ainda a possibilidade de que, no futuro, eles sejam recompensados por seu serviço, e essa recompensa seja muito melhor para eles. Ela poderia vir, por exemplo, em um momento em que eles realmente necessitam dela."

CONHECIMENTO INTERIOR E CONHECIMENTO EXTERIOR

O ensinamento de Samarqandi transmitido oralmente inclui a importante passagem a seguir.

O erudito do exterior estuda para si mesmo ou porque quer ser visto, ouvido ou aplaudido.

O sábio do interior estuda em favor do conhecimento e não em favor de si mesmo.

Quando o sábio do interior alcança o conhecimento, ele pode se tornar um trabalhador ou um mestre.

Se ele for um mestre, seu único interesse será confiar o conhecimento àqueles que podem realmente se beneficiar dele, não àqueles que tentarão usá-lo para se adornar, impressionar os outros ou se sentir importantes.

Infelizmente, embora o autêntico erudito do interior possa facilmente identificar quem são aqueles que querem o conhecimento por razões indevidas, ele não pode apontá-las diretamente para eles, porque o *nafs-i-ammara* (o *self* dominante, condicionado) deles nega seu papel tão energicamente, que impede, o quanto pode, a aquisição do conhecimento verdadeiro.

Quando o conhecimento verdadeiro chega, o *self* dominante é aniquilado. Portanto, não é de admirar que ele lute com todas as forças.

É por isso que os Sábios impõem a humildade.

O MESTRE SECRETO

Um homem encontrou Khidr, o mestre secreto, trabalhando como barqueiro.

Khidr leu seus pensamentos e respondeu:

"Se eu abordar as pessoas na rua e lhes disser o que fazer, elas pensarão que sou louco ou que estou fazendo isso em meu benefício, e elas não me obedecerão. Se eu me vestir como uma pessoa culta ou rica e as aconselhar, elas desobedecerão ou simplesmente tentarão me agradar, em vez de tentar agradar aquilo que eu represento. Mas se eu me misturo com as pessoas e digo uma palavra aqui, outra ali, alguns ouvirão; da mesma maneira que você me reconheceu e milhares de outros, não."

UMA IDA MATINAL AO MERCADO

Certa manhã, Bahaudin Naqshband entrou no grande mercado de Bokhara carregando uma vara bem longa. Ele começou a gritar com uma voz rouca, até que uma multidão se aproximou, impressionada por esse tipo de comportamento vir de um homem com tal fama e dignidade.

Quando centenas de pessoas, sem saber o que pensar ou fazer, estavam reunidas, Bahaudin ergueu a vara e começou a derrubar as barracas até ficar rodeado de montes de frutas e verduras.

O emir de Bokhara enviou um representante à casa de Bahaudin, para pedir-lhe que comparecesse imediatamente à corte para se explicar.

Bahaudin respondeu:

"Que estejam presentes os doutores em direito, os líderes cortesãos, os administradores veteranos, os comandantes do exército e os mercadores mais importantes desta cidade."

O emir e seus conselheiros concluíram que Bahaudin tinha enlouquecido. Decidindo fazer-lhe a vontade até que pudessem interná-lo na Morada da Saúde, o emir e sua corte intimaram as pessoas designadas por Bahaudin a comparecer.

Quando todos estavam reunidos, Bahaudin entrou na sala de audiências.

"Você está, sem dúvida, consciente, Sua Presença Bahaudin", disse o emir, "do porquê de estar aqui. E sabe por que nós todos estamos aqui. Portanto, por favor, diga o que tem a dizer."

Bahaudin respondeu:

"Sublime Portal para a Sabedoria! Todo mundo sabe que o

comportamento de um homem é sempre tomado como um indicador do seu valor. Isso chegou a tal ponto conosco, que, para ser aclamado e aprovado, tudo que um homem tem de fazer é *se comportar* de determinada maneira, seja qual for seu estado interior. Inversamente, se um homem simplesmente faz alguma coisa considerada repulsiva, ele é visto como repulsivo."

O rei disse: "Ainda não conseguimos entender o que você está tentando ensinar."

Bahaudin continuou: "Todos os dias, toda hora, em todos os homens, há pensamentos e imperfeições que, se expressados, seriam ilustrados por ações tão prejudiciais quanto as minhas ações no mercado. Meu ensinamento é que esses pensamentos e defeitos, devido a uma compreensão insuficiente, são tão prejudiciais e causam tanto atraso à comunidade e ao indivíduo quanto se ele se comportasse como um vândalo — ou é ainda pior."

"Qual é a solução para esse problema?", perguntou o rei.

"A solução", respondeu Bahaudin, "é se dar conta de que as pessoas devem ser aperfeiçoadas internamente, e não apenas impedidas, pelos costumes, de mostrar sua rudeza e destrutividade, e aplaudidas por não mostrarem."

Toda a corte ficou tão impressionada com esse ensinamento extraordinário, diz o cronista, que, para permitir que o povo celebrasse o recebimento dessa sabedoria, foi decretado feriado público por três dias.

MUSGO

Um grupo de discípulos veteranos de Bahaudin, que estivera na Pérsia, chegou e se sentou aos pés do Mestre. Assim que estavam reunidos, Bahaudin ordenou que eles escutassem histórias e declamações lidas pelo mais jovem dos seguidores.

Alguém mostrou surpresa. O Mestre disse:

"Se vocês seguirem por aquela trilha, em meio dia de viagem chegarão a uma construção muito bonita e abandonada. Vocês verão que um lado da cúpula magnífica está coberto de musgo. Se entrarem, verão que alguns dos preciosos azulejos se soltaram e estão no chão. Não há a menor dúvida em relação ao valor e ao empreendimento dessa construção. Mas a exposição a um determinado tratamento humano e natural levou a uma perda de perfeição.

E assim é com os discípulos veteranos."

BAHAUDIN E O ERUDITO

Um dia, um erudito famoso visitou Bahaudin Naqshband.

Todos os discípulos esperavam que o Murshid travasse uma discussão com ele e rebatesse seus argumentos, como fez com outros eruditos por muitos anos.

No entanto, quando o erudito estava acomodado na corte de Bahaudin, o Murshid o tratou com toda a consideração, e questões sobre o pensamento humano e os mistérios divinos não foram mencionadas em nenhum momento.

Quando o erudito partiu, alguém comentou: "Que estranho um homem da palavra não ter tentado engajar o Maulana em um debate. Mesmo sabendo que seus argumentos são sempre subvertidos, esse foi o primeiro que vimos aqui capaz de resistir à tentação."

Isso chegou aos ouvidos de Bahaudin, que disse:

"Nada é estranho quando se conhece a razão. Esse homem que parece ser um erudito é um sufi disfarçado. Ele é um *abdal*. Essa palavra, que as pessoas, em geral, traduzem por "transformado", também significa — como você vai constatar — "alguém disfarçado". É isso o que ele é. Sendo um erudito para o mundo e um sufi para os sufis, como poderia vir aqui e debater à maneira acadêmica? Quanto à 'tentação', somente um erudito ficaria tentado a discutir. Um sufi não tem a tentação, e, portanto, a questão não se coloca."

Alguém disse: "Nós deveríamos ter pensado nisso! Da próxima vez, saberemos o que pensar de um erudito silencioso."

Bahaudin pediu ao seu principal discípulo: "Responda a ele." O discípulo respondeu: "Ai, não! Da próxima vez um erudito silencioso será, provavelmente, apenas um estúpido intimidado pela reputação do al-Shah..."

VISITAR E OBTER

"Aqueles que nos visitaram", disse Bahaudin, "e não obtiveram o que realmente necessitavam com essa visita, não nos visitaram de fato. Além do mais, eles nunca ficarão suficientemente satisfeitos. Daqueles que desejam falar conosco, nós não temos nada para ouvir. Para aqueles que querem apenas ouvir, nós não temos nada a dizer.

Para aqueles que aceitam o que receberam e não acham que não receberam nada, será dado muito mais. Aqueles que querem algo diferente do que lhes é oferecido aqui serão incapazes de receber qualquer coisa, em qualquer lugar.

Lembram-se do homem que recebeu ouro, mas queria prata, e não havia prata para lhe dar? Ele disse: 'Eu não posso gastar isso porque não é branco.'"

BAHAUDIN

Alguém disse a Bahaudin Naqshband:

"Você conta histórias, mas não nos diz como entendê-las."

Ele respondeu:

"Você gostaria que o homem de quem você comprou algumas frutas as consumisse diante dos seus olhos, deixando para você apenas a casca?"

BAHAUDIN NAQSHBAND

As pessoas chamadas de eruditas ficam horrorizadas com duas coisas: os métodos que usamos para alcançar os ouvidos das pessoas, porque acham que o que é para ser comunicado deve ser feito por meio da intimidação ou de uma terminologia complicada; e nossa fama de ser hostil com os eruditos.

Mas a realidade é bem diferente. As pessoas que são chamadas eruditas são substitutas dos eruditos. Há poucos eruditos verdadeiros e uma profusão dessas outras pessoas. Em consequência, elas receberam o nome genérico de erudito. Em países onde não há cavalos, o burro é chamado de cavalo.

ARMAZENANDO E TRANSMITINDO

Está registrado que o Shaykh Abu-Ali, de Sind, costumava lecionar para pessoas totalmente ignorantes, e que meditava com grupos de surdo-mudos.

Ele disse:

"Se você é capaz de aprender, isso se deve unicamente ao fato de que mestres do passado e do presente empregaram o método de transmitir conhecimento a pessoas inteligentes, plantas, animais, idiotas e objetos inanimados, e, também, a discípulos presunçosos.

Assim como a água na jarra de barro porosa a deixa salutar e plena, e também sacia a sede dos viajantes, nosso trabalho é concentrado e transmitido por aquilo que você consideraria vasos inertes ou sem valor."

COMO É SER UM MESTRE

O texto de Nurbakshi sobre a docência diz o seguinte:

"O mestre é como o mestre-artesão em um país onde o povo quer o trabalho artesanal, mas ainda pensa que ele é executado, digamos, às cegas. Ele é como uma águia em uma gaiola, desprovida das suas faculdades principais — de voar e de ver — e usada pelos indolentes como deleite para os olhos. Ele é como um leão em um fosso, atormentado pelo ignorante e admirado por aqueles que gostam de um pelo marrom-amarelado. Ele é como a formiga que inventou uma casa e espera alcançar seu objetivo de persuadir o homem a imitá-la. Ele é como o corvo, mostrando ao homem como enterrar a cabeça, enquanto o homem assiste, perplexo, sabendo que pode aprender, mas sem ter ideia do que é que tem de aprender com aquilo que o corvo está fazendo.

Todos os Sábios têm de aprender a transmitir o conhecimento. Mas eles só podem fazer isso se o estudante se permitir aprender o que é e como é que ele tem de aprender. A técnica de aprender é a primeira coisa que o mestre tem de ensinar. Se você não estiver preparado para estudar a técnica de aprender, você não é um aluno. E se seu mestre aconselhar você a aprender por meio das palavras, ou das tarefas, ou assando pão, esse é o seu caminho."

A FUNDAÇÃO DE UMA ESCOLA

Perguntaram a um sufi da Ordem dos Mestres:

"Por que os Loucos de Deus, que cruzaram a terra em uma vestimenta estranha, fazendo coisas incompreensíveis, formam escolas para a transmissão do Ensinamento?"

Ele respondeu:

"O que eles tinham de fazer, eles fizeram... e ainda fazem. Mas no que se refere à transmissão direta deles, lembre-se da seguinte passagem:

'Quando eles foram claros, não havia nada no que disseram; quando foram incoerentes, ninguém pôde se beneficiar do que disseram.'

Essa é a interpretação do poema enigmático sobre o nosso conhecimento em tempos muito remotos: 'Se você pôde entender, não havia nada ali. Se não pôde, não houve proveito, apenas imaginação.'"

OPULÊNCIA

Está registrado que Haji Mohiyudin estudava com o Mestre ancião, Hallaj, quando lhe foi ordenado:

"Deixe minha companhia, trabalhe até você alcançar alguma riqueza e posição, sem dizer nada sobre sua ligação conosco, e depois volte."

Haji ficou confuso e disse:

"Mas eu quero o caminho da renúncia, não o da opulência."

Hallaj respondeu:

"Você não está pronto para a renúncia, e não é à prova de opulência. Além disso, seu comentário mostra que você deseja traçar seu próprio caminho; como pode então se beneficiar com uma orientação superior?"

Haji lhe perguntou:

"Se eu estou colocando as minhas próprias regras e apenas obedecendo você enquanto me convém, como esperar que eu me desvie desse rígido comportamento e a partir de agora obedeça-o acatando as suas ordens, já que você me classificou como alguém que está traçando seu próprio caminho?"

Hallaj respondeu:

"No início, é verdade, você fingirá seguir o caminho da opulência, e fingirá obedecer. Mas nossa esperança é que esse fingimento se torne repugnante para você."

SABEDORIA

Sufian disse:

"A sabedoria que é invisível, mas sustenta, é cem vezes melhor do que a sabedoria aparente, que tem, ela mesma, de ser sustentada."

LUXO E SIMPLICIDADE

O sufi ancião Junaid ensinava por demonstração, através de um método no qual ele, de fato, representava o papel que estava tentando ilustrar. Eis um exemplo:

Uma vez, Junaid foi visto, por alguns discípulos, cercado de luxos os mais inimagináveis.

Esses indivíduos deixaram sua presença e buscaram a casa de um homem santo muito austero e asceta, cujo ambiente era tão simples que tudo o que ele tinha era uma esteira e uma jarra de água.

O porta-voz dos Buscadores falou:

"Suas maneiras simples e seu ambiente austero nos agradam mais do que as estravagâncias e os excessos chocantes de Junaid, que parece ter voltado as costas para o Caminho da Verdade."

O asceta deu um grande suspiro e começou a chorar.

"Meus caros amigos, superficialmente infectados pelos sinais externos que assaltam o homem a cada esquina", ele disse, "saibam disso, e deixem de ser desafortunados! O grande Junaid está cercado, nesse momento, pelo luxo, porque ele não se afeta com o luxo; e eu estou cercado pela simplicidade porque não me afeto com ela."

A CARAVANA

Um pretendente a discípulo disse a Dhun-Nun, o Egípcio:

"Mais do que tudo no mundo eu quero me inscrever no Caminho da Verdade."

Dhun-Nun respondeu:

"Você pode acompanhar a nossa caravana somente se puder aceitar duas coisas. Uma é que você terá de fazer coisas que você não quer fazer. A outra é que não lhe será permitido fazer coisas que você quer fazer. É 'o querer' o que se coloca entre o homem e o Caminho da Verdade."

MAÇÃS GIGANTES

Certa vez, um sufi visitou um rei para aconselhá-lo em questões de estado, e os dois se tornaram bons amigos. Alguns meses se passaram, até que, um dia, o sufi lhe disse: "Agora, tenho de partir para trabalhar em segredo, na pobreza e a muitos quilômetros de distância daqui, entre as pessoas mais baixas do seu reino."

O rei insistiu que ele ficasse, mas o sufi assegurou-o de que tinha de cumprir seu dever.

"Como poderei me manter em contato com você?", perguntou o rei.

O sufi lhe entregou uma carta e disse: "Se alguma vez você receber notícias incríveis sobre uma fruta da província tal, abra esta carta. Então meu trabalho terá chegado ao fim, e você ainda terá algo a fazer."

O sufi viajou até seu destino e viveu ali como qualquer pessoa comum, desempenhando suas funções de acordo com a ciência dervixe.

Alguns anos depois, um homem, pensando que o sufi tinha uma reserva de dinheiro, matou-o; mas tudo o que encontrou foi um pacote onde estava escrito: "sementes de maçã gigante".

Ele plantou as sementes e em um tempo impressionantemente curto, seu jardim estava repleto de macieiras carregadas de maçãs do tamanho da cabeça de um homem.

As pessoas começaram a venerar o assassino como se fosse um santo, pois quem mais poderia encher seu pomar, em questão de dias e em pleno inverno, de árvores carregadas de frutas desse tamanho?

Entretanto, o assassino não ficou satisfeito com essa adulação. "Se eu não consegui dinheiro do homem que matei", refletiu ele, "eis agora a minha chance: levarei as maçãs para o rei e ele certamente me recompensará."

Depois de muitas dificuldades, o homem foi conduzido à presença do monarca.

O assassino disse: "Sua Majestade, trago nesta cesta uma maçã que cultivei em poucos dias, em pleno inverno, na província tal e que é do tamanho da cabeça de um homem."

A princípio, o rei ficou impressionado com a fruta. Depois, lembrando-se da carta do sufi, ele pediu que ela fosse trazida do cofre onde estava guardada, e a abriu.

A carta dizia: "O homem que cultiva maçãs gigantes — não importa quanto respeito ele tenha ganho por isso — é meu assassino. Que a justiça, agora, seja feita."

ESFORÇO

Quando perguntaram a Zain al-Abidin sobre esforço e prosperidade, ele respondeu:

"O rico se refugia na prosperidade e faz dela seu ídolo. O pobre se refugia na pobreza e faz dela seu grilhão.

Apenas os Sábios conhecem o sentido e o valor verdadeiros dos objetos e dos esforços, e as circunstâncias e razões para a opulência e a exibição, ou para o inverso."

O NOVO INICIADO

Ashraf Ali Niazi foi abordado por um visitante estrangeiro, que disse:

"Desejo me tornar um sufi e farei qualquer coisa para ser iniciado; eu li os livros tais e conheci alguns sufis em meu próprio país."

"Esse sujeito imaturo certamente terá de permanecer anos aqui, nem que seja para aprender a abordar o Caminho; a menos que o Hadrat Niazi o expulse daqui agora mesmo", pensaram os discípulos.

Mas o *shaykh* disse ao visitante:

"Vou iniciá-lo imediatamente. E mais, vou fazê-lo meu representate no seu país. Trabalhe por iniciativa própria, eu não conheço as pessoas que você mencionou."

Os discípulos ficaram pasmos.

Quando o visitante se foi, o *shaykh* disse:

"Vocês todos pensaram que eu o expulsaria ou lhe daria tarefas que o preparariam para a iluminação.

Vocês, agora, acham que eu não fiz nenhuma das duas coisas, e sim o honrei desnecessariamente.

Mas é a realidade, e não a aparência, o que funciona.

Eu o despachei: isso é uma expulsão.

Eu disse a ele que o havia iniciado e que ele era nosso representante. Esse é seu exercício preparatório. Se ele pensa, agora, que deve ensinar e filiar pessoas, e agir como um representante, ele aumentará sua autoestima e não chegará a lugar nenhum. Se ele perceber que é inapto para a iniciação e para ser um representante, ele voltará, e eu serei, então, capaz de instruí-lo."

"Mas, e quanto às pessoas que ele pensa estar ensinando, caso ele falhe no teste? Ele não lhes causará danos?", perguntou um discípulo.

"Qualquer um que o tome como mestre ou, até mesmo, como um sufi iniciado, já está fora do nosso alcance."

INCONTESTÁVEL

Conta-se que quando Jalaludin Rumi começou a recitar seus dísticos de sabedoria, as pessoas não tinham tido tempo de formar nenhuma opinião sobre ele.

Alguns ficaram interessados, outros não. Outros, seguindo um padrão humano inevitável, ressentiram-se dele, e disseram: "Esperamos que você não se considere um segundo Esopo ou algo assim."

LITERALISMO

Um candidato a discípulo se apresentou a um sufi em Bagdá e pediu para ser aceito no ensinamento.

"Eu o aceito como um principiante", disse o sufi, "e lhe dou essas primeiras orientações: que você não se considere dono de nada e que não fique com a propriedade de ninguém."

O discípulo concordou. Então o sufi disse: "Você viajará até Bokhara, vivendo da melhor forma possível e reparando em tudo o que acontecer. Depois disso, você deve aguardar minhas instruções."

O discípulo partiu e, finalmente, alcançou Bokhara. Ele tinha acabado de chegar, quando sentiu uma picada, e se deu conta de que hospedava uma pulga.

"Isso não é nada bom", pensou o discípulo consigo mesmo, "pois não posso ficar em Bokhara, como me foi instruído, se não cumpri completamente minhas primeiras instruções. Eu, realmente, não considero essa pulga como minha. Mas, já que, com certeza, ela é propriedade de outra pessoa, vou refazer meus passos até encontrar seu dono."

Ninguém aceitou a pulga até ele estar de volta a Bagdá, onde ela saltou e... ele nunca mais a viu.

HILMI

Perguntaram a Hilmi:

"Por que você se interessa tanto por assuntos que não têm ligação com o progresso do homem?"

Ele respondeu:

"Quando se quer saber quão duramente o caldeireiro tem trabalhado, olha-se para as aparas no chão."

O CONHECIMENTO ELEVADO

Perguntaram a Anis:

"O que é sufismo?"

Ele respondeu:

"Sufismo é aquilo que consegue levar o Conhecimento Elevado ao homem."

"Mas, se eu aplico os métodos tradicionais elaborados pelos Mestres, não seria isso sufismo?"

"Não é sufismo se isso não cumpre sua função com você. Um manto não é mais um manto se não mantém a pessoa aquecida."

"Então o sufismo muda?"

"As pessoas mudam e precisam de mudança. Portanto, o que foi sufismo um dia, hoje já não é mais.

O sufismo", continuou Anis, "é a face externa do conhecimento interior, chamado de Conhecimento Elevado. O fator interno não muda. O trabalho completo é, portanto, o Conhecimento Elevado mais a capacidade, gerando método. Aquilo que você gosta de chamar de sufismo é, simplesmente, o registro de um método ultrapassado."

CHARIKARI

Charikari disse:

"Conta-se que um gafanhoto levou uma folhinha de grama como oferenda para o rei Salomão, o Sábio, filho de David — a paz esteja com ele.

Quando um asno quer elogiar algo, ele diz: 'É exatamente como cardo.'

Quando o homem quer honrar um homem sábio, ele o chama de mestre religioso e ergue para ele um santuário."

HAZRAT BAHAUDIN SHAH

Bahaudin era um príncipe poderoso, diligente na administração dos assuntos de estado e desinteressado das coisas da mente.

Um dia, ele decidiu que algo deveria ser feito a respeito do grande número de malandros e vagabundos que vieram em bando viver sob a proteção do seu próspero reino.

Ele ordenou aos guardas que, no período de um mês, todos os mendicantes e itinerantes deveriam ser capturados e levados ao pátio do seu castelo para serem julgados.

Certo sufi, que era membro da corte de Bahaudin, pediu permissão para viajar, e partiu.

Quando chegou o dia determinado, os vagabundos foram reunidos e colocados sentados em um grande grupo para esperar por Bahaudin Shah.

Vendo tantas pessoas evidentemente indesejáveis sentadas diante da sua fortaleza, Bahaudin Shah ficou furioso. Ele fez um longo discurso, que terminou assim: "A corte decreta que todos vocês sejam açoitados como malfeitores e como uma desonra para o nosso reino."

Então, em meio aos prisioneiros, o sufi cortesão, vestido em farrapos, levantou-se e disse:

"Ó Príncipe da Família do Profeta! Se um membro da sua própria corte foi preso por causa das roupas que vestia, provando com isso ser um malandro, precisamos tomar cuidado. Se somos classificados como indesejáveis apenas em função das nossas vestes, corre-se o risco de que as pessoas aprendam esse costume e comecem a julgar governantes como o senhor apenas pelo que vestem e não pelo seu valor interior. O que aconteceria, então, com a instituição do justo reinado?"

Depois disso, Bahaudin abandonou o trono. Ele está enterrado perto de Cabul, no Afeganistão, onde é considerado um dos maiores de todos os *shaykhs* sufis. Quando passam pelo seu santuário, as pessoas apeiam; e a lição jamais foi esquecida.

DIFÍCIL

Uma quadrilha de ladrões atacou um homem sincero que estava tentando estudar o Caminho dos Sufis.

Constatando que ele não possuía nada de valor, eles começaram a sussurrar sobre o que fazer com ele.

De repente, o homem começou a gritar: "Não! Não! Por favor, deem-me tempo!"

O chefe dos bandidos disse:

"Não tenha tanto medo assim; logo tudo estará acabado. Já que você, no futuro, poderia nos identificar, nós o mataremos. A morte não é nada, nós já vimos a morte muitas vezes!"

"Morte?", replicou o homem. "Eu não estou preocupado com isso. Vocês cochichavam e pensei que tivessem decidido me pedir para que eu me tornasse realmente honesto. Isso sim seria difícil."

Essa é a origem do grupo sufi denominado *Taifa-i-Duzdan*, a Quadrilha de Ladrões; eles ficaram tão impressionados com essa experiência, que se juntaram à sua vítma.

PRESENTES

Certa vez um Mestre sufi anunciou que estava restabelecendo a Cerimônia dos Presentes, na qual, uma vez por ano, oferendas eram levadas até o santuário de algum mestre célebre.

Pessoas de todas as categorias viajaram quilômetros para dar seus presentes e escutar, se possível, algo do ensinamento do Mestre.

O sufi ordenou que os presentes fossem colocados no chão, no meio da sala de conferências, com todos os doadores posicionados ao redor deles. Então, ele se dirigiu ao centro do círculo e pegou os presentes, um por um. Aqueles que tinham um nome escrito, ele retornou ao doador.

"O resto", ele disse, "está aceito. Vocês todos vieram para receber um ensinamento, e aqui está ele. Vocês podem, agora, aprender a diferença entre a conduta inferior e a conduta superior.

A conduta inferior é o que se ensina às crianças, e é uma parte essencial da formação delas. Trata-se de sentir prazer em dar e receber. Mas a conduta superior é dar sem anexar, em palavra ou pensamento, qualquer obrigação. Elevem-se, portanto, à segunda conduta, do inferior para o superior.

Quem quer que continue a se revigorar no inferior, não se elevará. Da mesma forma, não se pode receber pagamento em satisfação no nível inferior. Esse é o sentido do ensinamento da restrição. Desapegue dos prazeres menores — tal como pensar que você fez o bem — e perceba uma conquista maior, aquela de ter realmente feito algo útil."

NAHAS

Disseram a Nahas:

“Seu predecessor, que acabou de morrer nesse povoado, ensinou-nos tanto, que somos muito gratos a ele. Sentimos que fomos honrados com a sua presença. Mas, ele esteve aqui por trinta anos, e tememos que, tendo progredido apenas um pouco na Ciência do Homem durante esse tempo, nós estejamos todos mortos antes de você completar sua missão conosco.”

Nahas respondeu:

“Uma vez vocês contrataram um tigre para apanhar os ratos. Está certo ser agradecido a ele. Mas se tivessem arranjado um gato, digamos assim, vocês não achariam necessário dizer o que acabaram de dizer.”

CHANCES

“Eu fui visitar um sufi”, contou Ibn Halim, “e ele fez um longo discurso.

Havia muitas pessoas presentes, pois ele atraía ouvintes de tudo quanto é lugar.

Cada discurso era um modelo de erudição.

Eu perguntei:

‘Como você tem tempo de ler tantos livros?’

Ele respondeu:

‘Eu tenho tempo para o que eu leio.’

Então, eu me dei conta de que ele não tinha nenhum livro. E perguntei:

‘Como você obtém todas essas informações?’

Ele respondeu, admitindo: ‘Por telepatia.’

Eu perguntei:

‘Por que você oculta isso dos seus discípulos?’

Ele respondeu:

‘Para fazê-los se concentrar no que é dito, e não em quem está dizendo, ou em como ele obteve essas informações.’

Eu comentei:

‘Essas revelações parecem arruinar as chances de conhecimento de uma pessoa. Sendo assim, por que você me diz isso?’

Ele respondeu:

‘Suas chances já estavam arruinadas antes de você vir até aqui.’

Eu perguntei:

‘Não há esperanças para mim?’

Ele respondeu:

'Enquanto você tentar induzir os sufis a falar o seu jargão, não. Se usar seu jargão, ficará cada vez mais insatisfeito, pois você usa a língua dos insatisfeitos.'

Eu perguntei:

'A insatisfação não leva a um desejo de mudança?'

Ele respondeu:

'Pouca insatisfação significa falta de desejo de mudança. Muita insatisfação significa falta de habilidade para mudar.'"

SIYAHPOSH

Perguntaram a Siyahposh:

"Por que você não chega ao cerne da questão, e nos dá argumentos e provas com os quais possamos avaliar nosso progresso?"

Ele respondeu:

"Açúcar, farinha, gordura e calor são coisas boas separadamente. Combinadas, com tempo, elas produzem uma *halwa* deliciosa."

A MISSÃO DIPLOMÁTICA CHINESA

Conta-se que o imperador chinês mandou uma missão diplomática a Hakim Sanai.

A princípio, Sanai recusou-se a "enviar sua sabedoria para a instrução e o exame dos eruditos".

No entanto, depois de muita discussão, ele concordou em apresentar alguns ensinamentos. Ele enviou, também, uma carta secreta, bem lacrada, ao imperador. Ela continha a interpretação dos ensinamentos.

Estes consistiam em doze proposições, seis bengalas, três gorros bordados e uma pedra gravada.

O imperador apresentou esses objetos aos eruditos, dando a eles três anos para investigá-los e relatar suas descobertas.

Na data estipulada, descobriu-se que os eruditos haviam escrito livros sobre o assunto, atacado uns aos outros, desenvolvido esquemas e escolas de interpretação, e usado os objetos para fins que iam desde a ornamentação à veneração, e da advinhação à punição corporal.

O imperador leu a carta de Hakim. Primeiro ela descrevia todos os desdobramentos que haviam ocorrido. Depois ela revelava o verdadeiro uso dos objetos e das proposições.

No final, ela dizia: "Mas, como as informações sobre o verdadeiro significado desses itens foram dadas e não conquistadas, o público não está pronto pra eles e irá, consequentemente, empregá-los mal: comunicação mais consentimento não é igual a compreensão.

Portanto, essa carta é a resposta à pergunta original da missão diplomática quanto a eu parecer estar relutante em compartilhar meus segredos com os homens mais instruídos do planeta. Eu não fui relutante, eu fui incapaz."

A PERGUNTA

Certa vez um homem rico e vaidoso levou um sufi para conhecer sua casa.

Ele lhe mostrou um cômodo após o outro; todos repletos de obras de arte valiosas, tapetes caríssimos e todo tipo de relíquias de família.

No final ele perguntou ao sufi:

"O que mais o impressionou?"

O sufi respondeu:

"O fato da terra ser forte o suficiente para suportar o peso dessa massiva construção."

TRANSIÇÃO

É relatado que Shams-i-Tabriz mergulhou alguns livros na água e os retirou completamente secos. Parece que Jalaludin Rumi ficou profundamente impressionado com essa façanha e que, em consequência disso, aceitou o ensinamento de Shams.

Mas Akib Haidar, conta-se, recebeu essa informação com certa incredulidade. "Como", perguntou ele, "um homem da estatura de Rumi poderia acreditar que algo que é, obviamente, um truque de ilusionismo, provaria alguma coisa sobre a importância de Shams?"

Haidar passou anos preocupado com essa questão. Ele decidiu supor que Rumi não fora enganado por um truque. Ele supôs, também, que Shams de fato executou a farsa. O que faltava descobrir era o significado da demonstração; pois era aí, acreditava Haidar, que se poderia encontrar uma pista para a linguagem secreta dos Eleitos.

O Hujjat Ahil era o grande líder dos sufis da era, e Haidar, quando o encontrou, fez-lhe a pergunta que o havia desconcertado por dezessete anos.

Ahil, assim que a pergunta foi feita, respondeu:

"Pontualmente, suas suposições estão certas, mas o homem é tão obtuso, que raramente pode ver por que essas coisas são feitas. Shams executou o truque com o propósito de ilustrar que existe uma 'transição' do possível para o impossível, e vice-versa. O truque não é nada mais que uma ilustração, mas é altamente instrutivo. Se, por exemplo, você desenhar para um camponês uma vaca entrando em um celeiro, você terá ilustrado para ele um fato hipotético: o fato de que uma vaca pode entrar em um celeiro. Se o camponês objetar, dizendo que 'aquilo não é uma vaca, e sim um pedaço de papel', isso mostrará sua estupidez, pois até um pedaço de papel pode ser usado para indicar o possível. Da mesma forma, os livros secos mostraram a possível transcendência da realidade que o homem pode alcançar."

VER

Conta-se que Avicena, o filósofo, disse a um sufi:

"O que haveria para ser visto se não houvesse ninguém presente para vê-lo?"

O sufi respondeu:

"O que *não* poderia ser visto se houvesse um observador presente para vê-lo?"

A DELEGAÇÃO SÍRIA

Uma delegação síria composta de judeus, cristãos e dervixes muçulmanos, juntamente com outros cuja religião não era conhecida, atravessaram, por rotas perigosas, o Iraque e chegaram ao Turquestão, onde compareceram ao *dargah* (a corte real) de Ahmed Yasavi, o Mestre Sufi da Era.

O Mestre os recebeu nos portões da cidade e deu-lhes as boas-vindas com presentes valiosos e todo tipo de honrarias. Nos aposentos dos hóspedes havia peles e tapetes, raridades grandes e pequenas, e empregados foram designados para servi-los.

Quando, na quinta-feira à noite, chegou a hora dos exercícios especiais, os convidados ficaram ansiosos para serem admitidos na Tekkia do Mestre de Yasi.

Mas, quando os dervixes escolhidos foram convocados no seu trabalho para entrar na Tekkia, apenas quatro dos oitenta e dois peregrinos tiveram permissão de entrar.

Seus *shaykhs* líderes ficaram furiosos e quiseram saber a razão para esse favoritismo, dizendo ao representante de Yasavi:

"Nós fomos agraciados com mantos de honra pelo Mestre, fomos alimentados por ele e entretidos majestosamente. Como podemos, agora, ser excluídos do momento pelo qual esperamos a vida inteira?"

O representante respondeu:

"Vocês não sentiram discriminação a seu favor quando aceitaram os presentes, apenas quando acreditaram que alguma coisa lhes estava sendo negada. Esse é o comportamento das crianças.

A Tekkia é o tesouro dos ricos dos Outros Mundos. São as crianças que insistem para que todos corram desesperadamente até uma loja cheia de doces. As pessoas maduras, ao contrário, ficam satisfeitas quando seus representantes são autorizados a reunir as porções e trazê-las de volta para todos."

LITERATURA

Yakub, de Somnan, explicando a função da literatura que ele adotava, disse:

"Literatura é o meio pelo qual as coisas que foram tiradas da comunidade — tal como o conhecimento — podem ser devolvidas.

É como uma semente, que pode ser devolvida para a terra muito tempo depois da planta da qual ela se originou ter morrido, sem, talvez, deixar nenhum vestígio.

O homem culto pode até ser o moleiro dos grãos, mas aqueles a quem chamamos de Sábios são os agricultores.

Dê atenção a essa parábola, pois ela contém a explicação para muito do que há de irreconciliável na postura das duas categorias de estudante."

AMBIENTE

A dedicação a um ambiente no qual se trabalha, como no caso de uma Tekkia onde os dervixes se encontram, carrega suas regras e requisitos especiais.

O sapateiro organiza seu ambiente de forma a tirar o maior proveito possível para ele e para o trabalho.

O homem desse mundo arruma sua casa de modo a receber e dar prazer.

E as pessoas religiosas constroem seus edifícios de modo a provocá-las internamente.

No entanto, o Povo do Caminho emprega essas arenas interiores de acordo com as pessoas que nelas estarão praticando e com a intenção da atividade.

É o cúmulo da insensatez pensar que só porque a pessoa gosta de um determinado espaço, ele terá a atmosfera requerida.

A separação que há entre o Povo da Regra e o Povo do Caminho e da Verdade está aí: aqueles gostam de um lugar, e esses sabem como ele é; aqueles ornamentam o lugar, e esses evitam tais coisas.

Somente o Verdadeiro Perceptivo pode julgar se o piso da fornalha tem mais *baraka* do que o palácio, e qual dos dervixes deve fazer seu exercício aí.

Infringir essa condição de funcionamento é pior do que mergulhar um asno em água-de-rosas, pois provoca a ação da Lei do Efeito Reverso, que acontece quando as pessoas que mexem indevidamente com o celestial perdem muito mais do que ganham.

Isso é o que declara o Shaykh Abdallah al-Nuri, de Khorassan.

ANDAKI

Perguntaram a Andaki:

"Entendimento e gentileza fazem parte do Caminho Sufi. Por que deveria haver outra coisa além de amor e beleza? Por que deveria haver conhecimento, por exemplo, e o decorrer do tempo, e coisas como hesitação ou reprimenda?"

Andaki respondeu:

"Um pêssego que está amadurecendo precisa de sol e água. Você nunca viu o que acontece quando o beneficiente sol brilha tempo demais ou com muita intensidade? Ele se torna uma maldição destrutiva. Regue uma planta corretamente e a água será uma verdadeira bênção para ela; mas regue-a demais e ela certamente apodrecerá e sofrerá as angústias que a farão considerar a água, não uma bênção, mas o instrumento da sua destruição.

Ofereça continuamente ao homem o que ele chama de gentileza, e você o enfraquecerá de modo que ele se tornará infeliz. Deixe de repreendê-lo quando essa crítica pode ter um efeito adequado para ele, e cometerá um erro. Recuse-se a encorajar essas coisas o máximo possível, e não fará realmente essas perguntas que acredita ter feito."

COMPRADOR E VENDEDOR

O dervixe Salah Yunus conta que estava presente quando um argumentativo aspirante a erudito teve a chance de dizer as coisas mais cruéis e insensíveis ao seu mestre Burhanudin.

Este não disse nada, e quando o homem deixou o salão de conferências, Yunus perguntou ao mestre:

"Você não vai, por acaso, punir esse homem, de modo que ele possa ver a situação desesperadora em que se encontra?"

Burhanudin respondeu:

"Nós não o veremos de novo, pois ele concluiu que sou incapaz de responder aos seus desafios, e, portanto, irá a algum outro lugar."

"É esse o método que você aplica para se livrar dessas pessoas inoportunas?", perguntou Yunus.

"Não", respondeu Burhanudin, "essa é a maneira pela qual eu dou ao homem o que ele quer. Ele quer alguém para discordar e discutir. Eu me recuso a ser esse homem, e isso faz com que ele busque, mais ansiosamente ainda, outra pessoa. Logo ele vai encontrar alguém que aprecia muito o debate. Desse modo, nós teremos ajudado a reunir, por assim dizer, o comprador e o vendedor. Se eu não posso ajudar esse homem a encontrar o que eu tenho para oferecer, eu posso, pelo menos, ajudá-lo a encontrar o que ele realmente deseja."

APRENDER POR MEIO DE SINAIS

Al Hashma tinha a reputação de ensinar por meio de sinais. Um homem que se sentiu muito seduzido por essa ideia viajou durante anos até chegar à escola do sábio.

Assim que o avistou, Hashma disse:

"Você deve estar preparado para aprender, pelo menos os primeiros passos para a sabedoria, por meio de palavras apenas."

O homem protestou:

"Palavras eu posso conseguir em qualquer lugar. Eu vim até aqui para aprender por meio de sinais."

Hashma replicou:

"Todos querem aprender por meio de sinais, gestos e exercícios desde que souberam que isso era possível, e acabaram ficando empolgadas demais com a perspectiva de serem capazes de fazê-lo. Sua empolgação é tal que eles não podem percebê-la e gritam: 'Não estamos empolgados!'

Assim, nós precisamos recorrer a uma alternativa — palavras e leituras — até eles estarem prontos."

O ASSASSINO ABSOLVIDO

Perguntaram a Jan Fishan Khan sobre como se esquivar das hostilidades que tantas pessoas, sem nenhuma razão, manifestam em relação aos sufis. Ele respondeu:

"Era uma vez um rei que capturou um homem que tentou matá-lo. Como esse rei tinha feito um juramento de nunca dar ordens de derramar sangue, ele não matou seu agressor. Em vez disso, ele elaborou um plano.

Ele mandou o homem de volta ao seu próprio soberano, com a seguinte mensagem: 'Nós capturamos esse homem no ato de tentar tirar a vida do rei. Tendo-o desculpado, nós o mandamos de volta a você, cumprimentando-o por ter à sua disposição um servidor tão leal.'

Quando esse homem voltou à corte do seu monarca, ele foi morto imediatamente. Ele não foi executado por ter falhado na sua missão, mas porque seu amo, não podendo acreditar que alguém que havia tentado matar pudesse ser perdoado e libertado ileso, concluiu que ele comprara sua liberdade prometendo algo, talvez até mesmo matar seu próprio rei."

Jan Fishan prosseguiu:

"Quando estamos tentando ensinar o homem a ser equilibrado, não podemos acusá-lo de ser desequilibrado. Seu comportamento enfatiza a necessidade do nosso trabalho. Se o homem não fosse assim, nós não teríamos função. Portanto, a crueldade e a destruição humanas daquilo que é vital para o homem são sua atividade diária. É muito mais provável que ele considere os sufis como maus, já que ele quase sempre age contra seus interesses verdadeiros.

Não disseram os antigos que: 'Quando o homem começar a entender o sufi, não haverá mais "sufis" e "outros homens"'?"

HALABI

Sulaiman Halabi mantinha, sempre, um enorme livro no chão servindo como calço para a porta.

Um visitante austero e opinioso, ignorando os hábitos de Sulaiman, inclinou-se, ao entrar, para apanhar o livro.

"Deixe ele aí", disse Halabi.

"Um tal desrespeito por qualquer livro é indigno na categoria dos Sábios", argumentou o visitante.

"Mais indigno ainda", disse Sulaiman, "é pensar que um livro, que é útil para algumas pessoas, deve ser aplicado a outros, independentemente do fato de ser adequado a eles ou não. É pior do que indigno se a pessoa não sabe que existem meios de se comunicar conhecimento que o fazem independentemente do que aparentam ser."

A MORADA DA VERDADE

Era uma vez dois homens instruídos. Um estava iludido e muitas pessoas acreditavam que ele era um grande homem. O segundo era um verdadeiro possuidor de um conhecimento superior. Muitas pessoas, também, acreditavam nele.

Uma catástrofe natural ocorreu, e os dois, junto com seus seguidores, viram-se alinhados diante dos Anjos Inquisidores, que determinam o destino das almas humanas.

Os Anjos interrogaram todos eles. Depois anunciaram que os seguidores do primeiro homem deveriam ir com ele para o Inferno, e a comunidade do segundo homem deveria acompanhá-lo ao Paraiso.

No entanto, os dois homens e toda a assembleia de almas ficaram perplexos. Eles perguntaram aos Anjos: "Baseado em que essas decisões foram tomadas?"

Os Anjos responderam:

"Os dois homens e seus seguidores são crentes. Mas o primeiro, embora pensasse que acreditava em algo superior, acreditava, na realidade, apenas em si mesmo. Seus seguidores não seriam seus discípulos se não desejassem internamente venerá-lo. O segundo acreditava apenas na Verdade. Seus seguidores se vincularam a ele — e permaneceram vinculados — apenas porque internamente eles realmente buscavam, não ele, mas a Verdade.

A vida após a morte é a Morada da Verdade. Se fosse governada pelos homens, a história seria diferente. Mas ela é uma realidade, não uma teoria, portanto, nossa decisão é inevitável."

DIREITOS E DEVERES

Certo faquir viu um dervixe entristecido saindo lentamente da Tekkia do grande mestre Arif Hakimi, de Paghman.

Ele perguntou ao guardião do portão qual seria a razão daquele semblante desanimado.

De acordo com Ghalib Shah, o porteiro respondeu:

"Ele reclamou o direito de frequentar as reuniões do Povo da Verdade. Mas o Povo o baniu, pois aqueles que têm esse direito não podem exigi-lo, e aqueles que o reclamam, não podem obtê-lo.

Como se ouviu o próprio Abu-Yusuf ressaltar:

'O discípulo não precisa dizer uma só palavra para que o Guia saiba, por meio da sua conduta e da sua postura, se ele foi até ali para aprender ou para negociar.'"

ALISHER NAWAI

Perguntaram a Alisher Nawai por que ele não escrevia análises da sua poesia, para que assim as pessoas soubessem o que pensar dela e como estudá-la.

Ele respondeu:

"O minerador traz a pedra da mina e o gravador a entalha. O joalheiro pode vendê-la. Se eu fosse fazer tudo com essas joias, não haveria espaço para mais ninguém se beneficiar."

Perguntaram a ele:

"Então sempre devem haver eruditos para interpretar? Mas isso causa dissensão, pois os eruditos discordam."

Ele respondeu:

"Sempre haverá ourives, e eles competirão, disputando entre si por fama e para vender suas peças. Muitos tolos comprarão dos ourives da moda. Mas sempre haverá compradores de verdade, que podem discernir uma boa gravação. E eles terão dinheiro, não se preocupe."

O DESENHO

Perguntaram a um sufi da Ordem dos Naqshbandis:

"O nome da sua Ordem significa, literalmente, 'Os Desenhistas'. O que vocês desenham, e que uso tem?"

O sufi respondeu:

"Nós fazemos muitos desenhos, e eles são de grande utilidade. Eis, a seguir, uma parábola sobre uma dessas formas.

Foi permitido a um funileiro, que fora preso injustamente, que recebesse um tapete tecido pela sua esposa. Ele se prostrava sobre o tapete, dia e noite, para fazer suas orações, e depois de algum tempo, disse aos carcereiros:

'Eu sou pobre e não tenho esperanças, e vocês são mal pagos. Mas eu sou um funileiro. Tragam-me latão e ferramentas e eu farei pequenos artefatos que vocês poderão vender no mercado, e todos nós nos beneficiaremos.'

Os guardas concordaram, e em pouco tempo eles e o funileiro estavam ganhando dinheiro, com o qual compravam comida e algum conforto para eles.

Então, um dia, quando os guardas foram até a cela, a porta estava aberta e ele tinha fugido.

Muitos anos depois, quando a inocência desse homem já tinha sido provada, o homem que o prendeu perguntou-lhe como havia escapado, que mágica usara. Ele respondeu:

'É uma questão de desenho, e de desenho dentro do desenho. Minha mulher é uma tecelã. Ela encontrou o homem que fez as fechaduras da cela e pegou o desenho com ele. Ela teceu esse desenho no tapete, no ponto em que minha cabeça tocava o tapete nas cinco orações do dia. Eu trabalho com metal, e esse desenho se parecia, para mim, com o interior de uma fechadura. Eu concebi o plano dos artefatos para obter o material para fazer a chave... e escapei!'

Essa", disse o sufi Naqshbandi, "é uma das maneiras pelas quais o homem pode escapar da tirania do seu cativeiro."

GHAZALI

Processos práticos no sufismo

Quase mil anos se passaram desde que Ghazali escreveu a sua obra monumental: *Restauração da Ciência Religiosa*. Grande parte dela se aplica a pessoas e problemas da Idade Média. Mas alguns trechos, resumidos aqui, dão informações básicas e vitais sobre teoria, termos técnicos e procedimentos no sufismo.

Ghazali mostra que o elemento que os sufis chamam de "conhecimento" é empregado como um termo técnico, e que suas funções para o ser humano vão muito além do que se consideraria, normalmente, como conhecimento. Pensadores mais contemporâneos — e aqueles que escrevem com um risco menor de um contra-ataque totalitário — definiriam esta forma de conhecimento como a própria força que sustenta a humanidade.

O conhecimento, diz Ghazali — a meta sufi — é aquilo que sustenta a vida em um grau tal que, se sua transmissão fosse interrompida por três dias, o âmago do indivíduo morreria, exatamente como alguém morreria se ficasse sem comida, ou um paciente morreria se desprovido de um remédio específico. O conhecimento sufi, portanto, é algo que flui continuamente para o homem. A percepção e aplicação desse conhecimento é a meta dos místicos.[8]

Sabedoria é, às vezes, empregada no sentido de "entender o conhecimento especial". Algumas vezes isso faz com que as pessoas se afastem de hábitos triviais. Naturalmente, a pessoa comum se opõe a essa conduta.

8 Citando Fatah al-Mosuli.

Pessoas comuns são aquelas que estão cegas para a necessidade urgente de conhecimento. Ghazali associa essa cegueira a uma enfermidade. Ela gera arrogância. Quando existe arrogância, o conhecimento não pode operar.

A busca do verdadeiro conhecimento se coloca como um grande problema para o homem, pois ele não sabe onde procurá-lo nem como fazê-lo. Isso porque foi convencido de que regras e disciplinas equivocadas, ou escolasticismo, ou argumentação, por exemplo, eram a busca do conhecimento.

Que conhecimento especial é esse que sustenta o homem? Ele é algo tão mais avançado do que, digamos, a crença — o que as pessoas chamam de fé —, que "aqueles que realmente conhecem estão em um nível setecentos degraus acima daqueles que apenas acreditam".

Ghazali se serve de três comentários tradicionais para ilustrar isso:

"A Sabedoria é tão importante, que se poderia dizer que a humanidade é composta unicamente dos Sábios" (Ibn al-Mubarak).

"Quem quer que tenha conhecimento e trabalhe e ensine será poderoso no Reino dos Céus" (Atribuído a Jesus).

"Ofereceram a Salomão sabedoria, riqueza ou poder. Ele escolheu a sabedoria, e ganhou, além disso, riqueza e poder" (Ibn Abbas).

O PROPÓSITO DE SEGUIR A CIÊNCIA DO CONHECIMENTO

"O propósito do exercício da ciência do conhecimento — ou sufismo, como é conhecida — é ganhar uma existência eternamente durável" (Ghazali).

"O 'homem' pode morrer, mas a 'sabedoria' é imortal" (Ali,

filho de Abu Talib).

"Toda a aptidão que não está baseada no conhecimento morre" (Sakhr al-Ahnaf).

AQUELES QUE POSSUEM SABEDORIA

"Sempre existem pessoas sábias na terra. Os Sábios da Época são os Luminares da Era. Os outros recebem luz dos Iluminados da Época" (Al-Hasan).

OS MEIOS

"O conhecimento celestial só acontece por meio do esforço humano."

COMO A CIÊNCIA É EXERCIDA

"Uma forma é a oração, mas a função interior da oração deve ser compreendida. Há um significado secreto na oração. Os exercícios de oração assinalam elementos ocultos" (Ghazali).

"Um pequeno fragmento de conhecimento aprendido nas primeiras horas é melhor do que se prostrar em oração centenas de vezes" (O Profeta).

AS ETAPAS DO ESTUDO

Ghazali organizou as seguintes etapas, que encontram paralelo no pensamento, na ação e nos exercícios interiores:

1. Silêncio
2. Audição
3. Recordação

4. Ação
5. Transmissão

O mestre é que pode guiar seu discípulo quanto aos métodos para se seguir esse currículo.

COM QUEM SE APRENDE

"Os Buscadores só podem aprender com os Sábios. Eles e seus alunos compartilham da benevolência. Comparados com eles, o resto da humanidade são selvagens desprovidos de virtude, porque negligenciam a coisa mais importante sobre o seu potencial" (Abu al-Darda).

AS QUALIFICAÇÕES DO BUSCADOR

"A condição essencial imposta para esse conhecimento é que o recipiente possa guardá-lo sem perdas" (Ikrima).

A URGÊNCIA

"Busque o conhecimento enquanto pode ser encontrado. Quando aqueles que o possuem morrem, ele se torna oculto" (Ibn Masud).

DAS OBRIGAÇÕES TRADICIONAIS

"Obter conhecimento é equivalente ao que é denominado, na religião convencional, 'Temor a Deus'. Buscar conhecimento é o mesmo que as pessoas comuns chamam de 'adorar'. Estudá-lo é o mesmo que louvar. Lutar por ele é o mesmo que esforço, guerra santa. Ensiná-lo é equivalente a fazer caridade. Transferi-lo é recompensado" (Ghazali).

AS REGRAS DAS ESCOLAS

Uma palestra dada por Zulfikar.

Todo o futuro do bem-estar da comunidade da Verdade depende do pensamento correto e dos estudos corretos por parte da própria comunidade.

Você pode até achar que os ostensivos oponentes da Verdade são seus piores inimigos, mas não é bem assim, pois os oponentes sempre têm a possibilidade de ver os erros da sua maneira de pensar, enquanto que aqueles que se consideram membros sinceros da comunidade da Verdade nunca encontrarão a sinceridade, já que não a estão buscando — eles pensam que já a possuem.

O mestre pode ser rígido com seus alunos de um jeito que ele nunca poderia ser com estranhos, pois os discípulos têm necessidade de uma forma mais elevada da Verdade, eles precisam de uma supervisão intensa e enérgica. Os estranhos não estão em um estágio em que são capazes de trabalhar com uma forma mais intensa da Verdade.

É uma situação semelhante à do professor ensinando os pontos mais sutis da gramática a alunos que já conhecem a língua. Para dar instruções apropriadas, ele tem de ser escrupuloso e se certificar de que todo emprego da língua está correto e cada erro está sendo apontado.

Se o professor não se importa, por exemplo, quando um visitante casual e rude grita com palavras bárbaras, ele não vai se incomodar — ou incomodar qualquer outra pessoa — em contestar. É sempre uma afronta para qualquer um criticá-lo, a menos que se tenha a posição de ser seu professor. Quando o professor está ensinando, digamos, as regras e o vocabulário básicos da língua, ele ainda está em um nível de relativa crueza, e permitirá que muitos erros passem sem comentá-los, e elogiará os sucessos. Quando os alunos avançarem para além do estágio em que precisam de elogios, quando forem, de fato, sérios o bastante para saber o quão indesejável é, digamos, ter uma pronúncia ruim, eles adotarão uma postura que os fará colaborar com o professor em ajudá-los a se certificar de que se lembrarão dos pontos mais refinados. Uma intensidade de esforço como essa pode muito bem parecer anormal para alguém de fora, mas uma vez que o professor e os alunos estejam trabalhando juntos, há entendimento entre eles e ninguém de fora pode julgar essa relação.

A relação de um tipo especial nunca pode ser medida pelas fantasias de uma relação de outro tipo. Mesmo as regras das escolas de sapateiros nunca poderão ser as mesmas que as regras das escolas de fazendeiros.

BAHAUDIN NAQSHBAND

Discipulado e Desenvolvimento

Extratos tirados do *Testemunho* de Bahaudin, o Desenhista (Naqshband).

Nós somos constantemente encorajados a estudar a vida, os feitos e os dizeres dos Sábios e a nos familiarizarmos com eles, porque existe um vínculo de entendimento entre esses elementos e a pontencialidade em nós mesmos.

Mas, se, como fizeram os literalistas, mergulharmos nesses elementos por ganância ou admiração por milagres, nós até nos transformaremos, mas essa transformação será de animal para menos animal, e não de animal para homem.

A prova que é colocada no caminho do homem é separar, exatamente por esse método, os verdadeiros Buscadores dos imitadores. Se o homem não se dirigiu a esse estudo por meio do seu *self* mais simples e sincero, ele estará em perigo. Portanto, é melhor — se o homem simplesmente soubesse disso — evitar todas as complicações metafísicas em vez de se deixar influenciar pela força suprema, que irá amplificar, magnificar seus defeitos, se ele não tiver o conhecimento de como curá-los ou de como abordar o ensinamento de modo que suas imperfeições não estejam envolvidas no procedimento.

É por essa razão que dizemos que há muitas esferas, muitos níveis de experiência da verdade.

Os Sábios sempre se concentraram em se certificar de que seus discípulos entendam que o primeiro estágio em direção ao conhecimento é familiarizar-se com a aparência externa, efetiva, desse conhecimento, de modo que, impedido de correr para a área errada da mente, ele possa aguardar por um desenvolvimento quando as oportunidades existirem.

Essa é a analogia do homem colhendo a romã e guardando-a até que seu estômago esteja em condição de digeri-la corretamente. Se um homem come uma romã quando há algo de errado com seu estômago, ele vai piorar sua enfermidade.

Um dos sintomas da enfermidade do homem é querer comer a romã imediatamente. Se ele fizer isso, terá sérios problemas.

Agora, você tem a explicação de por que os Sábios fornecem, continuamente, materiais para serem armazenados no coração, como se armazenam grãos visando fazer pão. Mas, como se trata de experiência e não de grãos, o homem na sua crueza não costuma sentir-se capaz de entender essa grande verdade e esse grande segredo. O homem a quem nos dirigimos é, portanto, um tipo especial de homem sintonizado — O Avaro Generoso —, ou seja, o homem que pode acumular quando é indicado acumular, e que disponibilizará o que houver, sempre que isso possa exercer seu efeito máximo.

Por muitos meses, eu fiquei desconcertado com meu estimado mentor dando-me coisas para falar, pensar e fazer que não pareciam satisfazer minha ânsia pela vida espiritual. Ele me disse inúmeras vezes que a ânsia que eu sentia não era, de forma alguma, pelo espiritual, e que os materiais que ele estava me dando eram o alimento que eu precisava. Somente quando fui capaz de acalmar meus desejos maníacos, é que pude escutá-lo realmente. Em outras ocasiões eu disse a mim mesmo: "Eu já ouvi tudo isso antes, e é extremamente questionável", ou então: "Esse homem não é nada espiritual", ou ainda: "Eu quero experienciar, e não ouvir ou ler."

A coisa mais maravilhosa foi que meu mestre me lembrava, continuamente, que esse era meu estado mental, e, embora eu estivesse, externamente, confiando nele e o servindo em tudo, eu não era capaz de confiar o tanto necessário e nem na direção vital. Olhando para trás, eu me dei conta, mais tarde, de que desejava, naquela época, conceder extensos segmentos da minha soberania muito mais do que o necessário, mas não estava preparado para conceder os fragmentos menores que eram, exclusivamente, a via para o meu entendimento.

Eu me refiro a isso porque é por meio da recapitulação da experiência de outros que as pessoas que estão em uma etapa semelhante no Caminho podem ser capazes de reconhecer seu próprio estado e tirar proveito disso.

Lembro-me que eu era sempre atraído e trespassado pelo dramático, e ficava muito atento quando alguma coisa com grande estímulo era dita ou feita, mas que os fatores significantes da minha associação com o meu mestre foram os aspectos que eu perdi, às vezes quase inteiramente. Por isso, a despeito de ter me dedicado continuamente ao trabalho, eu desperdicei nada menos do que oito anos da minha vida.

Então, é preciso lembrar que todas as coisas podem ser de dois tipos. Isso é algo que, geralmente, nós não imaginamos que possa existir, mas que é fundamental. Há a manutenção da relação com um homem sábio e o aprendizado com ele da maneira correta, que é produtiva para o progresso humano. E há a simulação, que é destrutiva. O que nos deixa completamente confusos sobre essa questão é que a sensação que acompanha o falso discipulado ou a trivial manutenção da relação, assim como as suas manifestações externas de cortesia e aparente humildade, são tão capazes de nos fazer pensar que somos pessoas religiosas ou dedicadas, que é possível dizer que isso se deve ao que foi descrito como o ingresso de um poder demoníaco, falsificador, que convence as pessoas supostamente mais distintivas e persuasivas espiritualmente e, também, seus seguidores, ao longo de gerações, de que estão tratando da espiritualidade. Isso permite, até mesmo, que comuniquem essa crença para aqueles que não são um dos seus, de modo que sua reputação ganha credibilidade entre as pessoas que, equivocadamente, dizem: "Eu não sigo o caminho dele, mas não nego que é um homem espiritual e bom..."

O único corretivo para isso é o Mestre fazer uso do *timing* da ocasião especial; somente ele é capaz de dizer quando e onde e de que maneira os exercícios e outras atividades, mesmo aquelas que não parecem ter a menor relação com a espiritualidade, podem ser executados. Aqui há uma confusão, porque, às vezes, as pessoas pensam que isso quer dizer que nunca se deve ler livros ou levar a cabo processos sem a supervisão direta do Mestre. Mas esse erro comum e superficial parece absurdo quando nos damos conta de que o Mestre pode especificar cursos ou leituras ou ações para um grupo de pessoas ou para um indivíduo, e que ele pode achar necessário, de tempos em tempos, que eles façam o que pode parecer, de fato, um curso convencional, aparentemente escolástico. Mas o que é vital aqui, não é o que as coisas parecem ser para o estudante, mas sim que o Mestre as prescreveu e que vai intervir sempre que houver necessidade de uma mudança. Todas as manifestações de oposição a esse currículo ou qualquer outra desarmonia com o Mestre são manifestações da crueza do pupilo, e não devem ser levadas em conta pelo Mestre ou por qualquer um dos seus intermediários (representantes), já que o aluno pode seguir obedientemente o curso ou não. Se não pode, ele deixa, nesse momento, de ser um aluno e, portanto, não tem o direito nem mesmo de comentar. Apenas os estudantes verdadeiros têm direito ao comentário; e aqueles que chamam a atenção para si mesmos, questionando o curso, não têm a menor condição de serem alunos.

Deixar de observar isso é comum entre os emocionalistas escolásticos que adotaram procedimentos sufis, porque não se dão conta de que o currículo já foi edificado baseando-se em todas as possíveis eventualidades, que incluem quaisquer e todos os sentimentos dos pupilos. O que se almeja aqui é a operação do ensinamento por meio da aptidão. Se o indivíduo está perturbando o progresso da reunião ou o trabalho do representante, ele é o oposto de um aluno, e isso deve ser observado pelo grupo como uma lição.

Eu estou bem ciente de que os princípios estão longe dos admitidos no mundo superficial que tem como fundamento o que as pessoas pensam umas das outras — incluindo o problema que os mestres falsos sentem continuamente, e que se trata da questão do que as pessoas pensam deles. Mas o ponto principal é se o Ensinamento está operando, e não se as pessoas sentem, por meio dos seus sentidos comuns, que estão sendo preenchidas.

Nesse último caso, pode ter certeza de que nada de real valor está acontecendo.

Esse é o final da primeira seção do *Testemunho* de Bahaudin Naqshband, O Desenhista.

CONSELHOS DE BAHAUDIN

Você quer ser preenchido. Mas algo que está cheio deve, primeiro, ser esvaziado. Esvazie-se para ser preenchido corretamente, observando esses conselhos, que você pode considerar como deveres para consigo mesmo.

1

Nunca siga nenhum impulso de ensinar, por mais forte que seja. O comando para ensinar não é sentido como um impulso.

2

Nunca confie no que você julga ser experiências interiores, pois somente quando você ultrapassar essas experiências é que alcançará o conhecimento. Elas estão aí para enganá-lo.

3

Nunca viaje em busca de conhecimento a menos que você seja enviado. O desejo de viajar para aprender é um teste, e não um comando.

4

Nunca confie na crença de que um homem ou uma comunidade são supremos, pois esse sentimento é uma convicção, não um fato. Você precisa progredir para além da convicção, para o fato.

5

Nunca se deixe magoar pelo que você considera ser a crítica de um mestre, nem se encher de orgulho por causa de um elogio. Esses sentimentos são barreiras no seu caminho, não condutores dele.

6

Nunca imite ou siga um homem humilde que é, ao mesmo tempo, mesquinho nas coisas materiais, pois esse homem está sendo orgulhoso nas coisas materiais. Se você é mesquinho, pratique a generosidade como um corretivo, não como uma virtude.

7

Esteja preparado para perceber que todas as crenças que eram próprias do seu ambiente eram crenças menores, mesmo que tenham sido, um dia, de grande utilidade para você. Elas podem se tornar inúteis e se transformar, de fato, em armadilhas.

8

Esteja preparado para constatar que certas crenças estão corretas, mas que seu significado e sua interpretação podem variar de acordo com a etapa da viagem que você está, fazendo-as parecer contraditórias para aqueles que não estão no Caminho.

9

Lembre-se de que a percepção e a iluminação não serão, a princípio, de uma natureza tal que se possa afirmar: "Isso é percepção", ou: "Isso é iluminação".

10

Nunca se permita medir tudo pela mesma medida de tempo. Uma coisa deve vir antes da outra.

11

Se você reflete demais sobre o homem, pensará de maneira desproporcional sobre a atividade. Se reflete demais sobre si mesmo, pensará de forma equivocada sobre o homem. Se você reflete demais sobre os livros, não pensará corretamente sobre outras coisas. Use cada uma das alternativas como corretivo para as outras.

12

Não confie na sua própria opinião quando achar que precisa de livros, e não de exercícios. Confie menos no seu julgamento quando pensar que precisa de exercícios, e não de livros.

13

Quando se considerar um discípulo, lembre-se que isso é uma posição que você ocupa a fim de descobrir qual é a distância verdadeira entre você e o seu mestre. Não é uma posição que você pode mensurar, como a que distância você está de um edifício.

14

Quando você se sentir menos interessado em seguir o Caminho no qual ingressou, esse pode ser o momento que ele é mais adequado a você. Se você pensa que não deve seguir adiante, não é porque não está convencido ou porque tem dúvidas. É porque está falhando no teste. Você sempre terá dúvidas, mas apenas as revele em um momento útil para que a sua fraqueza as indique.

15

Você não pode banir a dúvida. A dúvida se dissipa quando dúvida e crença, como você as conhece, desaparecem. Se você abandona um caminho, é porque você esperava dele convicção.

Você busca convicção, e não autoconhecimento.

16
Não se estenda longamente sobre a questão de se colocar ou não nas mãos de um mestre. Você está sempre em suas mãos. A questão é se ele pode ajudar você a se ajudar, pois você tem poucos recursos para isso. Discutir se se acredita ou não é indício de que não se quer, de modo algum, acreditar, e, portanto, ainda se é incapaz disso. Acreditar que se pode confiar é uma falsa crença. Se você se pergunta: "Eu posso confiar?", na verdade está se perguntando: "Posso desenvolver uma opinião forte o bastante que me satisfaça?"

17
Nunca confunda treinamento com habilidade. Se você não consegue evitar ser o que as pessoas chamam de "bom" ou "abstêmio", você é como o cálamo afiado que não pode deixar de escrever quando pressionado.

18
Quando você observar ou sentir emoção, corrija isso lembrando-se que as emoções são sentidas com a mesma intensidade por pessoas com crenças completamente diferentes. Se você acha que essa experiência — emoção — é, portanto, nobre ou sublime, por que você não acredita que a dor de estômago é um estado elevado?

19
Se um mestre encoraja você, ele não está tentando atraí-lo. Antes, está tentando lhe mostrar o quão fácil você pode ser atraído. Se ele desencorajá-lo, a lição é que você está à mercê

do desencorajamento.

20

Compreensão e conhecimento são, no campo da Verdade, sensações completamente diferentes do que são no campo da sociedade. Qualquer coisa que você entenda de uma maneira trivial sobre o Caminho, não é compreensão dentro do Caminho, mas uma suposição externa sobre o Caminho, muito comum entre os imitadores inconscientes.

A LENDA DE NASRUDIN

Um vilão astucioso foi encarregado da educação de um grupo de órfãos. Observando que crianças têm certas forças e fraquezas, ele resolveu tirar proveito desse conhecimento. Em vez de ensiná-las a adquirir uma habilidade em aprender, ele lhes disse que elas já a possuíam. Depois ele insistiu que elas fizessem algumas coisas e se abstivessem de outras, e, assim, manteve a maioria cegamente submissa às suas ordens. Ele nunca revelou que sua incumbência original era ensiná-las a se ensinar.

Quando essas crianças cresceram, ele reparou que algumas tinham se desligado da sua autoridade, apesar de todos os seus esforços, enquanto que outras permaneceram atadas a ela.

Então, confiaram-lhe uma segunda escola de órfãos. Ele não exigiu deles obediência e respeito diretamente. Em vez disso, ele os subjugou à sua vontade dizendo que a cultura mental era a única meta da educação, e apelou para o seu orgulho próprio. "A mente", afirmou, "dará a vocês o entendimento universal."

As crianças pensaram: "Deve ser verdade, afinal, por que não seríamos capazes de resolver nossos problemas por nós mesmos?"

Ele sustentou essa doutrina por meio de demonstrações. "Esse homem", ele disse, "é escravo das suas emoções. Que caso desastroso! Apenas o intelecto pode controlar as emoções. Esse outro homem, no entanto, é governado pelo intelecto. Como ele está muito mais feliz, e livre do frenesi das emoções!"

Ele nunca deixou as crianças pensarem que havia uma alternativa de escolha entre as emoções e o intelecto, a saber, a intuição, que podia, entretanto, ser dominada ou obscurecida pelas outras duas e ter sua manifestação sempre descartada como irrelevante coincidência ou conjetura. Há dois tipos de "hábito": um deriva da mera repetição e o outro da intuição controlada tanto pelas emoções quanto pelo intelecto. Mas, como o hábito intuitivo está vinculado à realidade verdadeira, esse velho vilão simplesmente o aboliu em favor do hábito repetitivo.

Contudo, algumas crianças suspeitaram que certos aspectos milagrosos da vida não se encaixavam no padrão fragmentado do professor, e perguntaram a ele se não haveria, talvez, algo que não fora revelado, algum poder secreto. Ele disse a um grupo de questionadores: "É claro que não! Essa ideia é superstição, e resulta de processos mentais defeituosos. Não dê nenhum valor à coincidência. 'Coincidência' significa apenas acidente, e embora tenha algum interesse emocional, não tem nenhuma significância intelectual."

Para um outro grupo ele disse: "Sim, há mais coisas sobre a vida do que vocês jamais saberão, porque não podem ser deduzidas das informações científicas que eu lhes dei, ou que vocês foram capazes de reunir sob minha direção."

Mas ele tomou cuidado para que os dois grupos não trocassem informações, constatando, assim, que ele dera duas respostas contraditórias. De tempos em tempos, quando as crianças relatavam acontecimentos inexplicáveis, ele os relegava ao esquecimento afirmando que não tinham nenhuma relevância científica.

Ele sabia que, ao desconsiderar a intuição, as crianças jamais escapariam da rede invisível na qual ele as tinha envolvido, e que o conhecimento intuitivo dos segredos, excluído da sua educação, poderia ser obtido apenas quando a sua mente e as suas emoções estivessem em uma certa harmonia. Assim, ele lhes ensinou a ignorar as variações da sua condição mental, pois uma vez tendo descoberto que a capacidade de apreensão varia a cada hora, elas poderiam estimar o quanto ele lhes havia ocultado. O treinamento do vilão confundiu a lembrança que tinham dessas intuições como lhes foram concedidas, e estavam prontas para pensar segundo os princípios lógicos que o vilão havia elaborado para elas.

As crianças que esse vilão ensinou de forma errada na primeira escola estavam, agora, crescidas, e, como ele havia permitido que elas se aproximassem mais do entendimento da natureza verdadeira da vida, alguns comentários casuais que elas fizeram a membros da segunda escola perturbaram sua fé na verdade científica. Assim, ele rapidamente reuniu os indivíduos da primeira escola que ainda permaneciam fiéis e os mandou sair e pregar doutrinas incompreensíveis que pretendiam explicar o mecanismo oculto da vida. Depois, ele alertou a segunda escola quanto a esses professores, dizendo: "Ouçam com atenção, mas nunca deixem de usar seu intelecto."

As crianças intelectuais logo constataram que não havia nada a ser aprendido com essas doutrinas, e afirmaram: "Elas contradizem a lógica. Apenas com a lógica estamos em terra firme."

Alguns membros da primeira escola que haviam rompido com o ensinamento do velho vilão as repreenderam dizendo: "Nós também rejeitamos essas doutrinas, mas seu fracasso em explicar o mecanismo secreto da vida, que é o que vocês estão buscando, não nega sua existência." Eles responderam: "Você poderia, então, apresentar o segredo em termos lógicos?" Mas lhes foi dito que fazer isso seria negar sua verdade.

Então eles protestaram: "Não é verdadeiro o que não pode encarar a luz fria da razão." Alguns poucos, no entanto, proclamaram: "Estamos prontos para acreditar em tudo o que você disser. Nós o achamos maravilhoso." Mas eles estavam tão desesperadamente perdidos quanto as crianças intelectuais e os professores das doutrinas incompreensíveis, pois se fiavam apenas em uma credulidade servil, e não no hábito da intuição.

Seguiu-se um estado de caos pedagógico. Havia tantas maneiras diferentes de pensar, que frequentemente era dito: "Não posso confiar em ninguém, devo descobrir por mim mesmo, pelo exercício da minha vontade suprema."

O velho vilão, que tinha criado essa confusão, sentiu-se realizado, como um louco exultando com atos de violência. Seu culto ao intelecto, especialmente, promoveu a vaidade e a discórdia. E para aqueles que ainda sentiam uma incerteza interna, uma sensação de incompletude, ou um desejo ardente por algo inteiro e verdadeiro, ele disse: "Distraiam suas mentes com a ambição!" E lhes ensinou a cobiçar fama, dinheiro, bens, conquistas sexuais, a competir com seus vizinhos, a mergulhar em passatempos e diversões.

Diz-se que quando um cavalo não encontra capim, ele aceita feno. Na ausência do capim verde da Verdade eles aceitaram o feno seco com o qual ele forrou suas manjedouras.

O velho homem maquinou mais e mais distrações para eles: modas, manias, loterias, tendências na arte, na música e na literatura, competições esportivas e todo tipo de aquisições que ofereciam a eles um alívio temporário desse sentimento de carência. Eles são como o paciente que aceita paliativos do seu médico porque ele garante que sua doença é incurável. Ou são como o macaco que agarrou uma maçã dentro de uma garrafa, mas o gargalo era estreito demais para ele retirar a mão segurando ainda a maçã; assim, incapaz de escapar porque estava aprisionado pela garrafa, foi capturado e colocado em uma sacola. Mas ele, orgulhosamente, gritou: "Ainda tenho a maçã!"

A visão fragmentada da vida imposta à humanidade pelo falso vilão foi, agora, aceita, e as poucas pessoas que tentaram indicar onde realmente estava a Verdade foram tidas como insanas e facilmente contestadas pelo velho argumento: "Se o que você diz é verdade, então prove-o pela lógica!"

A moeda falsa só é aceita porque existe a moeda verdadeira, e muitas pessoas sabiam disso no fundo do seu coração. Mas elas eram como crianças que nasceram em uma casa da qual nunca puderam sair, destinadas a andar de um cômodo para outro, sem saber que poderia haver outra casa, em algum lugar, com outra mobília e uma vista diferente de suas janelas.

Contudo, a tradição de que existem moedas verdadeiras, de que há uma outra casa e de que cavalos comem capim, e não feno, sobreviveu em um livro que não era um livro, passado por sucessão direta de um antigo sábio a um de seus descendentes, chamado Hussein. Hussein vasculhou o mundo até encontrar o homem que, por meio do artifício e do logro, daria ao ensinamento desse livro a justa expressão, a saber: o incomparável Mulá Nasrudin. A partir daí, esse livro que não era um livro foi interpretado pelas ações de um Mulá que não era um mulá, que era ao mesmo tempo sábio e tolo, um homem e muitos homens. E o ensinamento chamou, assim, a atenção das crianças que tinham sido enganadas.

Mulá Nasrudin escapou da rede lançada pelo velho vilão. Pois como queimar um livro que não é um livro? Como nomear um tolo que não é um tolo? Como punir um homem que é uma multidão? Como golpear um homem que é você mesmo?

Estude as aventuras do Mulá Nasrudin, sonde as profundezas das sutilezas! Ele é como uma árvore que tem nutrição nas raízes e uma seiva comestível; cujas folhas são hortaliças, e cujas flores, as frutas, os ramos e as sementes são, de maneira distinta, a mesma coisa!

Pode uma árvore ser um homem, ou um homem, uma árvore?

A BUSCA SUFI

Por Ustad Hilmi, Mevlevi

O homem — nós afirmamos saber — procede de muito longe; tão longe que quando se fala da sua origem, são empregadas frases como "além das estrelas". O homem está apartado da sua origem. Alguns dos seus sentimentos, mas não todos, são leves indicações dessa condição. É por isso que falamos de "separação do amado"; mas esses são termos técnicos, e aqueles que os empregam para intensificar sua vida emocional estão... intensificando sua vida emocional.

O homem tem a oportunidade de retornar à sua origem. Ele se esqueceu disso. Ele está, na verdade, "adormecido" para a realidade.

O sufismo está concebido como o meio de ajudar o homem a despertar para a realização, e não apenas para a opinião, das declarações acima. Aqueles que acordam são capazes de retornar, de iniciar a "jornada" ao mesmo tempo que vivem plenamente essa vida presente. Tradições sobre monasticismo e isolamento são reflexos de processos de treinamento ou desenvolvimento de curto-prazo, absurdamente mal interpretados e elaborados de forma grotesca para fornecer refúgio para aqueles que querem continuar dormindo.

Por mais improvável que tudo isso pareça, é a mais pura verdade. Não é, com certeza, menos provável do que muitas outras coisas nas quais o homem acredita. Algumas dessas crenças estão, certamente, equivocadas — todos nós conhecemos indivíduos que têm crenças que estamos convencidos de que *são* equivocadas. Por outro lado, já que o sufismo depende da efetividade, e não da crença, os sufis não estão interessados em inculcar e alimentar a crença. "Acredito que isso é verdade", não é um substituto para: "É assim que se faz isso." Na realidade, as duas coisas estão em polos opostos.

Se o homem se encontrar novamente, ele poderá aumentar infinitamente sua existência. Se ele não se encontrar, ele pode minguar até desaparecer. Aqueles que veem nessa declaração uma ameaça ou uma promessa são inadequados para esse trabalho. Não há ameaça ou promessa nos fatos, apenas na interpretação que o homem faz deles.

De tempos em tempos, pessoas têm sido enviadas para tentar servir ao homem e salvá-lo da "cegueira" e do "sono" — hoje em dia, melhor definido como "amnésia" —, que são sempre descritos, na nossa literatura técnica, como uma doença local. Essas pessoas estão em contato permanente com a Origem, e elas trazem o "remédio" que é metade da cura. A outra metade, como na medicina ortodoxa terrestre, é a atividade daquilo sobre o qual ele age, para conseguir sua própria regeneração com o mínimo de ajuda. Esses médicos cósmicos — a tradução literal de um termo muito antigo — geralmente vivem no mundo quase imperceptíveis, como o camelo no deserto. Eles pertenceram a todas as raças e todas as fés.

A religião tem, essencialmente, dois papéis, que se tornaram confusos, em todos os sistemas sobreviventes, pela ausência de um conhecimento especializado por parte dos publicistas e dos teóricos mais ativos e com mais visibilidade. O primeiro papel é organizar o homem de uma maneira segura, justa e pacífica, estabelecer comunidades e ajudar a mantê-las. O segundo papel é o aspecto interno, que conduz as pessoas da estabilidade externa para a realização que os acorda e os ajuda a tornarem-se permanentes.

Numerosos sistemas residuais para o progresso humano continuam a circular pelo mundo, mas praticamente todos são desprovidos de valor nesse aspecto interno, embora possam ter um interesse histórico. Sem dúvida, só de olhar, eles podem nos mostrar que são empregados apenas para satisfações sentimentais pessoais e coletivas — sejam quais forem sua fantasias sobre o assunto. Eles podem ser descritos, da forma mais benevolente, como veículos abandonados por seus fabricantes e ocupados, agora, por amadores que compreendem parcialmente e buscam apenas aliviar a reflexão sobre a sua difícil situação.

Entretanto, "O Ensinamento" operado por aqueles a quem chamamos de "Os Sábios" prossegue e pode tomar qualquer forma. Ele está preservado intacto e é constantemente nutrido por certos sufis. Grupos bem intencionados, mas imitativos, baseados no sufismo, e sem valor para esse lado interior do "Trabalho" existem lado a lado com os grupos verdadeiros.

Reconhecer um "Mestre Verdadeiro" só é possível quando o candidato, homem ou mulher, é o que chamamos de "sincero". Esse termo técnico se refere à sua condição, e não às suas opiniões. Sincero significa que ele é objetivo o bastante para reconhecer o especialista e a natureza da tarefa. Para alcançar esse estágio, o Buscador tem de aprender a colocar de lado, pelo menos por um tempo, avaliações superficiais sobre os mestres, o Ensinamento e sobre si mesmo. Por superficial estamos querendo dizer algo bem preciso: suposições automáticas baseadas em regras empregadas para se testar um tipo de fenômeno diferente.

Uma pessoa pode ser atraída para o sufismo pelos motivos errados — como curiosidade, desejo de poder, medo, insegurança —, mas, apesar disso, ela tem a chance de desenvolver um entendimento do trabalho. Se, no entanto, ela simplesmente intensifica seu apego e aumenta sua avidez, ela não é um sufi, e é muito improvável que se torne um. Esse indivíduo está colhendo e consumindo estímulos menores do que precisa, e talvez seja incapaz de se abster de ansiar por esses estímulos.

O sufismo tem dois objetivos principais:

1. mostrar ao próprio homem como ele realmente é;

2. ajudá-lo a desenvolver seu *self* verdadeiro, interior, sua parte permanente.

Embora o homem "proceda de muito longe, esteja adormecido e tenha a possibilidade de retornar depois de obter os meios", ele só pode fazê-lo se trabalhar a partir de uma base ambiental sólida no mundo no qual o encontramos; nosso lema é: "*Esteja no* Mundo, mas não *seja do* Mundo."

Os sufis — isso é admitido em toda parte por estudiosos de fora — produziram algumas das maiores obras literárias do mundo, particularmente na forma de contos, narrativas ilustrativas e poesia. No entanto, diferentemente de profissionais da literatura, eles a veem como um meio para trabalhar, e não como a finalidade do seu trabalho:

"Quando o Homem Superior faz algo digno de admiração, isso é uma evidência da sua Maestria, e não o propósito dela."

Do mesmo autor nesta coleção

HISTÓRIAS DOS DERVIXES

AS FAÇANHAS DO INCOMPARÁVEL MULÁ NASRUDIN

APRENDER A APRENDER

FILOSOFIA VIVA

ESTA OBRA FOI COMPOSTA EM GARAMOND E DINN, E IMPRESSA PELA UNIPRO - EDITORA E GRÁFICA EM OFF-SET SOBRE PAPEL PÓLEN SOFT 80G PARA A EDITORA ROÇA NOVA EM MARÇO DE 2013.